MAX WEBER

Frank Parkin

马克斯·韦伯导论

［英］弗兰克·帕金 著

文朗 译

上海文艺出版社

目 录

英文版编辑前言 ... i

修订版前言 ... v

韦伯小传 ... ix

第一章 方法与程序 ... 001

第二章 宗教信仰与社会行动 ... 039

第三章 支配与正当性 ... 091

第四章 阶级、身份和政党 ... 123

延伸阅读 ... 154

注释 ... 157

索引 ... 169

英文版编辑前言

马克斯·韦伯与他同时代的埃米尔·涂尔干（1858—1917）一样，在专门介绍**主要社会学家**的所有丛书中，都应该占据特殊的一席。而且他的名字确实常与涂尔干、马克思的名字一起出现，成为某种世俗意义上的"社会学三位一体"，在所有讲授社会学的地方，这三位都被视为神一样的存在。然而仔细观察就会发现，这种表面上的三位一体关系不乏矛盾。严格说来，马克思并不是社会学家——那个年代确实已经有"社会学家"这个说法了，尽管很难说"社会学"在当时是一门公认的学科，不过这并不妨碍我们将马克思列为重要的社会学家——这主要是因为他的著作是当代专业社会学家关注的核心。同样，涂尔干与韦伯也没有太多共同之处。虽然两人在学术上都是研究社会学的，但他们各自特有一套理论和方法，彼此间存在相当大的距离。即便是两人对社会学这门新科学的发展路径也存在根本上的不同：涂尔干毕生致力于创建各种教学机构、学术团体和刊物，为社会学的制度化做出了重大贡献；而韦伯则是一个纯粹的学者，专注于钻研各种基本问题，不时提出一些可供他人借鉴的启发性想法。或许最能凸显他的特点的是，只要情况允许，他更喜欢在私人沙龙这个封闭的世界里授课——在他人生的中期，他有很长一段时间因为精神问题而无法讲课。

但韦伯和涂尔干确实也有某些相似的地方。他们都想发展一门学科——一门让马克思说来好听点是立场非常偏颇的社会"科学"，难听点就是"资产阶级意识形态"的学科。在他们着手进行这项工作时，社会学这门学科在欧洲几乎还没有坚实的基础（美国的情况则有点不同）。19世纪末，许多其他学科在德国的各所大学中都高歌猛进，可社会学却没有明确的稳固地位——韦伯直到晚年才获得了社会学的大学教职，而且是从经济学领域转过来的，由此可见一斑。涂尔干在法国也有着相似的际遇，他和韦伯一样也是从其他学术领域（哲学和教育学）转入社会学的。

那么，韦伯为什么是一位**主要社会学家**呢？这就是弗兰克·帕金这本书要回答的问题，这里我就不剧透了。不过有几个一般性的点值得提一下。韦伯与马克思、涂尔干一样，孕育了一些始终居于社会学发展核心的观念。诸如"社会行动及其意义"、"理想类型"、支配形式和社会分层过程等概念，一直被社会学家用于解决各种问题，并对其进行再加工。这些观点最初被提出来的时候，社会学的知识边界还非常有限；随着社会学不断发展成一门国际性的学科，这些观点历经沧桑，始终保持着热度，足以显示其影响力之强大。然而，韦伯的观点绝不只是对马克思、涂尔干二人观点的补充；这三人每个人的观点都是面向特定受众的，其目的也大相径庭。正因如此，无论人们如何尝试综合他们的理论，它们在本质上仍然是相互矛盾的，是认识社会复杂性的不同模式。韦伯的社会学模式不同于这个社会学三位一体中的其他两位：他在方法论上强调个人主义，这与马克思和涂尔干对社会集体的建构相反；他相信个体洞见的价值，不认为社会学问题可能存在颠扑不破的答案。

韦伯的著作对西方社会学影响卓著，这一点毋庸置疑，但必须指出的是，它们也包含一些模糊和矛盾之处，这些模糊和矛盾导致了人们在诠释他的各种概念和方法时众说纷纭。韦伯若是知道这一点，可能也不会感到惊讶，但被视为各种关键表述或类型学源头的这个"韦伯"，实际上是一个不断变化的人物，能够以多种不同的方式加以解读。

而弗兰克·帕金这本书的最大优点就在于，它集中探讨了韦伯作品中最常被其他社会学家讨论和沿用的四个核心要素。帕金依次考察了那些被韦伯作为方法或理论提出来的东西，然后提出了一种批判，以说明韦伯社会学理论的优点和矛盾。而韦伯之于社会学最重要的意义或许就在于他的矛盾。我们得批判性地审视韦伯的观点，才能因之发展出比他的观念更先进的社会学观念。社会学至少自许为一门科学，而对于任何一门科学而言，都不能认为这个学科内的主要思想家的作品是不可冒犯、不能批评的。只有吸取前人的错误，科学才能进步。弗兰克·帕金的这本书非常清楚地说明了，韦伯为何在社会学的发展中占据主要地位，他的思想为何是深入洞察社会的阶石。

彼得·汉密尔顿

修订版前言

二十多年前本书首次出版时，社会理论的关注点与今天明显不同。当时，马克思主义理论以其多种多样的表现形式几乎统治了知识界，不仅定义了辩论的术语，还为辩论提供了无穷无尽的概念工具。无论是葛兰西和人文主义倾向，马尔库塞、阿多诺等法兰克福学派的众星，哈贝马斯和福柯的学说，还是阿尔都塞及其弟子的巴洛克结构主义，社会科学内外的几乎每一个角落都吸收了这场马克思主义复兴的语言。

在马克思主义重量级人物云集的背景下，韦伯的著作有了特殊的意义。无论是他的敬仰者还是诋毁者，都认为他是少有的地位足以维护资产阶级社会理论主张、反对激进批评者的社会学家之一。韦伯被赋予这一角色并不奇怪，因为几乎从一开始，他的著作就被普遍视为对马克思著作的回应或者抗衡力量，虽说这类看法有些肯定会被他本人否认。尽管如此，在韦伯最具启发性的研究中，许多读起来确实就让人觉得，他在写的时候好像是在与马克思进行无声的对话。马克思选择探讨的宏大主题，大多数韦伯也探讨了，并给出了他自己独特的倾向态度。但不容否认的是，无论这两人在一般的思考路径上存在多少重叠，马克思主义理论和韦伯的社会学理论都必须被视为两种不同的知识。归根结底，它们是两套理解和解释社会生活原始材料的方式，相互间是对抗关系。

从事态发展来看，韦伯的观念似乎比马克思及其追随者的观念更经得起考验。马克思他们的可信度因苏联和东欧社会主义制度的崩溃而遭到了无可挽回的损害。所有被详加记录的资本主义"内部矛盾"都被证明更适用于国家社会主义，而不是资产阶级的制度。此外，这些国家始料未及地从社会主义变成资本主义导致的结果往往更符合韦伯的解释，而不是马克思主义的解释。例如，"在册干部"（nomenklatura）[*]对国有资产的攫取往往会导致一种政治经济形式，紧密地对应着韦伯的"战利品资本主义"，而在马克思主义中则找不到明显的对应物。同样，在社会主义集权统治消亡之后，古老的族裔仇恨很快卷土重来，这在巴尔干地区最为明显。而这种区分人群的原始力量一直是马克思主义的最大盲点之一，它通常被视为"虚假意识"，在理论上毫无价值。可对于韦伯来说，族裔认同的动员潜力一直是他分析社会分层时会加以考虑的因素，他不像马克思那样把族裔视为阶级在古代的变相体现，认为它是一

---

[*] 这个词的意思是"职务名册"，是苏东国家用于登记、考察、任免官员干部的制度。（本书脚注均为译注）

种同样需要被解释的现象。

然而,真正体现韦伯研究方法之成熟的,也许是宗教领域。随着社会主义在东欧退下舞台,似乎出现了一个威胁不小的新幽灵,它披着伊斯兰原教旨主义的外衣,填补了留下的意识形态真空。经典马克思主义理论在解释这种现象时几乎无能为力,关于宗教信仰对大众的吸引力,除了说它是精神鸦片之外再无它话。韦伯则相反,他特别强调,神圣信仰,尤其是经过卡理斯玛型领袖的火眼诠释后的信仰,具有革命性。就最近刚刚发生的政治事件*而言,韦伯说伊斯兰教是"战士宗教",似乎再恰当不过了。

韦伯的遗产之所以经久不衰,无疑得益于他始终摒弃任何包罗万象的一般性理论——在他之前和之后,许多思想家都喜欢这种精心炮制的理论,可它们似乎总是因其经验现实的尘世伪装招致众神的愤怒。而韦伯更喜欢把分析的目光投向具体的、可控制的问题,如官僚制、新教伦理、理性法、救赎学、权威、政治正当性等。他研究的这些主题不成关联,而他无意于也没有把它们凝聚成一个连贯的思想体系。谁要是想从他的著作中获得一种包罗万象的体系的慰藉或保证,很可能会失望而归。但是,对于不需要这种精神支柱的人来说,他的思想能够不断激起的敬仰、惊奇、兴奋和感叹,绝不亚于那些庞大

---

* 指"9·11"事件。

的思想体系。

我这次只做了非常小幅的修订,主要是删除了一些过时的内容,并对做了一些格式上的小改动。另外,我更新了延伸阅读的推荐书目,增加了一些新近出版物。

弗兰克·帕金

2002 年 3 月

韦伯小传

1864年，马克斯·韦伯出生在昔日的汉萨重镇埃尔福特。他出生后不久全家就搬到了柏林，在那里，他们家成了当地学者、商人、艺术家和政界要人的聊天室。小韦伯难免听到大量教养深厚、思想高明的言谈，无疑也会接触一些不太开明的政治观点。高中毕业考试之后，他进入海德堡大学学习法理学。在那里，他似乎参加了《学生王子》*里描绘的所有传统大学学生活动：学习不多，喝酒和狂欢不少，还试图（也成功了）在决斗大厅舞刀弄剑，结果脸被划花了。

他服了兵役一年，之后又开始上学，先是在柏林，然后是哥廷根。在这里，他踏上了严肃的学术研究之路。1889年，他完成了自己的博士论文，研究的是中世纪的贸易公司，两年后他又提交了执教资格论文，这次写的是罗马农业史的某些方面。凭着这篇论文他正式获得了在大学任教的资格，他马上就在柏林得到了一份法律讲师的工

---

* 刘别谦导演的默片喜剧，首次上映于1928年，讲述了德国王子卡尔通过考试进入海德堡大学学习生活的经历。

作。几年后，他搬到了弗赖堡，1896年又回到了海德堡。

在海德堡，他的麻烦来了。1898年，他遭遇精神崩溃，原本正要大放异彩的大学教职生涯为此戛然而止。过了好几年，他才重拾研究工作，此后他的学术生涯都是以某种长期休假的形式度过的。他的病是在父亲去世后不久发生的。无论从哪个角度看，老韦伯都是典型的维多利亚式父亲——对子女说一不二，对妻子专横跋扈、麻木不仁。就在去世前不久，他还和儿子大吵了一架：儿子坚持要求，可以让母亲一个人来看他，不用父亲一起来，因为他觉得父亲有点大老粗。吵到气头上的时候，小韦伯做了一件不可思议的事：他命令父亲离开自己的家。从此，马克斯再也没见过父亲一面。得知父亲突然去世后，他深感内疚和悔恨。随后，他患上了紧张性精神分裂症。韦伯和弗洛伊德从未见过面，但不难猜出弗洛伊德会给韦伯的病下怎样的诊断。

因为无法集中精力做任何事情，韦伯开始以周游四方度日，不是在收拾行李，就是在赶火车、赶轮船。他去的主要是欧洲东南部，尤其是意大利，不过1904年他去了更远的地方，只身前往美国。他深深着迷于美国大都市生活的节奏和喧嚣，还有美国陌生的民主习俗。美国有许多地方都令他艳羡不已，他丝毫不像其他访美的欧洲知识分子那样傲慢，瞧不起这个庸俗的地方。

造访新大陆对他的身体肯定有好处，因为他一回国就又开始工作了。他很快就完成了关于方法论和新教伦理的论文。他开始自学俄语，没过几个月就学到了能够理解历史材料的程度，于是撰写了一篇关于1905年俄国革命的论文。回归工作之后，他巨大的创作能量就再也没有枯竭过，只是复发过几次轻微的忧郁症。随后，他陆续完成了一系列关于法律制度、宗教体系、政治经济、权力关系的研究，比较范围之广、文献资料之丰富，不仅前无古人，后面可能也不会有来者了。因为韦伯涉猎的各个学科如今都在飞速发展，仅凭一个人的精力，已经不可能在法律、历史和社会科学领域取得像他那样全面的造诣了。

他的学术产出因1914年战争爆发而暂时中断。他当时已经五十岁了，因为超龄而不能参加前线战斗，他为此感到很懊恼。他被安排负责管理家乡海德堡的医院，对于一个渴望亲历战争的人来说，这任务算不上光彩。不过，虽不能轻易地说韦伯是普鲁士的南丁格尔，但他似乎对这个角色乐在其中。过了大概一年，他放弃了这项工作，加入了一个不知名的政府委员会，负责审议关税问题，听上去比扎绷带、端尿盆的工作好不了多少。在战争的最后两年，他在最擅长的事业上有了更多的成果：写文章研究社会，而不是管理社会。他再次将精力转移到论文纸堆里，这些论文在他逝世后凝结成了《经济与社会》一书。

战争结束后，他开启了一段政治生涯——差一点开启。他加入了新成立的德国民主党，名字上了法兰克福选区候选人的名单。据他的妻子玛丽安说，韦伯对于当选该党候选人成竹在胸。但他都没有按人家的期待花心思去拉选票——可能是因为他觉得大局已定，也（更）可能是因为他不愿意蹚党派政治的浑水。总之，他并没有获得提名；选举会议没选他，选的是当地的一个无名小卒。面对这一结果，韦伯表露出的反应是又惊讶又不爽。这个在理论层面对权力机制如此敏锐的人，在权力的实际运作方面却有些天真。

也许他的铩羽而归是件好事。真选上了，他也只会是个糟糕的政客。像他这样思想独立、乖张桀骜的人，肯定受不了听从党的路线、宣扬官方教条这种事。韦伯很明智（也是因为太郁闷了）：他的密友恳求他，既然对胜选心心念念，那就再试一次，但他没听。就政治而言，他唯一愿意接受的伟大，就是强加给自己的那种。结果，这一切都不重要了：1920 年暮春，他因肺炎溘然长逝，享年五十六岁。

第一章

方法与程序

一

韦伯关于方法的论述，常常被想要将自然科学的目标和程序与社会科学的目标和程序截然区分开来的理论家提及。虽然早在韦伯之前就不断有人思考这种区分了，但他的学说频繁地被反对社会理论以"科学"自居的人当作武器使用，这倒是不足为奇的。首先，没有人比韦伯更坚持认为，研究的基本单位必须始终是个体。当然，这一观点本身并不一定会把披着白大褂的科研者青睐的各种方法和程序排除在外，比如行为心理学家的研究就不是以个体为单位。不过，韦伯这么说，是为了阐释为什么要关注个体而不是群体或集体，即只有个体才能采取"有意义的"社会行动。韦伯说，出于某些目的，把社会群体或集合体"当作"个体来对待，可能往往是有益的。但这只不过是一种可接受的虚构理论。[1]就"对于行动的主体理解性的诠释"而言，"这些集体构造必须被视为只不过是特殊行动的组织模式和结果，因为这些个人是主观可理解性行动唯一的承载者"。*[2] 他的立场总结起来就是：

> 就社会学目的而言，"国家"这现象并非一定只能指涉那些与法律相关的元素，且社会学中并没有像个人的集合体去"行动"这类的东西。当社会学论及如政府、国家、民族、公司、家庭或军团等类似的集体构造时，毋宁只在指称某些种类的个人实际或可能的社会行动的过程而已。†[3]

集体不能思考、感受和感知，只有人才能。如果不这样认为，就会错误地给实际上是概念性的抽象之物赋予虚假的现实性。而且，由于社会科学的任务是研究个体的主观理解，探寻社会行动的动机，因此它必然与自然科学存在较大差异。韦伯说，我们不会去"理解"细胞的行为、星辰的运动。我们只会观察细胞的结构、星辰的轨迹，由此得出关于生物结构和物理运动的一般规律。我们作为观

---

* 顾忠华、康乐、简惠美译《社会学的基本概念 经济行动与社会团体》，上海三联书店，2020年，第36页。为保证能尽量忠实、准确地呈现出作者在书中直接引述的韦伯原文，本书的相关译文主要援引由康乐、简惠美、钱永祥、顾忠华等学者所译的韦伯作品集（上海三联书店版），以及阎克文等学者所译韦伯作品集（上海人民出版社版）；偶有两种译文存在较大差异的情况，则将另一种译文在脚注中并行列出。为保证行文的顺畅或者术语的统一一致，有时会在严格地保证不影响文意的情况下，对所引译文的个别用词稍作改动。

† 同前，第36—37页。

察者，运用自己的概念和范畴，将我们的解释加于这些现象之上。

社会行动则完全不同。人不是分子，也不是行星，人的行为是有动机的，受主观意义的指导。更重要的是，社会行动者对自己何以如此行动，有自己的观念和解释；若要全面描述他们的行动，这些观念和解释本身就是这描述中不可或缺的一部分。我们可以肯定，从树上掉下来的苹果对重力是没有概念的。可是，就拿政治或宗教行动来说。人们对政治和宗教肯定有自己的相关概念。他们会搬出"民族主义""阶级斗争""罪""救赎"等各种概念。他们的行动实在是只能根据这些概念来解释。这些观念或概念是作为动机力量进入行动者的行为中的。

可以理解，后来的一些理论家从韦伯这些观念中得出结论，社会学的主要任务是直接研究行动者本身共有的意义和概念，这种研究不受观察者规范建构的干扰。从这个角度看，社会科学的活动更接近于科学哲学，而不是自然科学本身。科学哲学不关注从物理意义上理解宇宙，它关注的是理解科学家这个专业群体本身的主观意义。它研究的是科学家作为行动者的行动所依据的程序和假设，既有社会方面的，也有技术方面的。因此，它是一种"二阶"活动，因为它构建的是关于理论的理论。[4] 因而韦伯意义上的社会学也就是一种"二阶"活动，因为它研究的是社会行动者本身的理论和理解，不是直接研究他们的行动。

这正是实证主义经常受到指责的缘故——实证主义就是意在忽略行动者的动机和主观状态,直接理解行动本身。涂尔干的社会学就是一个明显的靶子。

总之,韦伯极为强调个体和内在意义,与涂尔干的立场存在鲜明的差异。涂尔干认为,真正能起解释作用的唯一单位是集体;把个体动机和感知作为主要研究对象,就等于放弃了一切具有社会学意义的东西。原因在于,个体在相互交往的过程中创造了一种综合或者说社会复合物,就像某些化学物质结合在一起会产生一种全新的化合物一样。正是这种综合,或者说新生特性,构成了社会现实,于是成为我们研究的对象。由于这种现实永远无法还原为组成它的各个部分,通过个体行动者的精神或情感状态来研究它,显然是行不通的。

涂尔干反对强调个体,并不是专门针对韦伯。然而,他的论点读起来确实恰巧像是在直接反驳韦伯关于将集体视为"个体之人的特殊行为"的主张。如果涂尔干想专门针对韦伯来论述他的论点,都不需要做任何修改。

韦伯主张将个体的主观意义作为社会研究的出发点,这是在他倡导所谓"理解"(verstehen)的方法时阐述的。韦伯用这个词的意思是试图让观察者通过一种与行动者的移情联系来理解社会行动。这种研究策略要求研究者尝试认同行动者及其动机,通过行动者的视角而非自己的视角来看待行动过程。韦伯不认为"理解"仅仅

第一章　方法与程序

是通过访谈等方式了解一个人对自身行为的描述和评价。他视之为理解历史事件的方法，因为历史事件中的人我们无法采访。我们可以重建行动者当时面临的情境选择和制约因素，以说明他们为什么要选择某种行为路径。我们完全有能力换位思考，想象自己在类似情况下会如何行动。用韦伯的话说，"要理解恺撒，不必然要成为恺撒"*[5]。我们可以把恺撒的行动看作"一个可理解其动机的意义脉络"†[6]的结果，从而轻易地弄明白恺撒的各种行为。

支撑这种"理解方法"的论点是，社会行动者总是面临选择。人的行动并不是由不可阻挡的社会力量主宰的，并非是社会力量把人推向了某个方向。是行动者决定了要采取这些行动而不是那些行动，他们的决定有力地取决于他们对机会和制约因素的看法。因此，在任何特定情况下，都有必要一定程度地理解人们是怎样权衡和评估各种选择的。这种方法明显不适合想要揭示某种隐藏的历史目的或历史逻辑的思想学派。在该方法下，历史绝非按照预先设定的模式展开，而是基本没有限制。任何事情几乎都

---

* 同前，第 23 页。略有改动。

† 同前，第 28—29 页。对于"意义脉络"（Sinnzusammenhang）这一术语，顾忠华将之译作"意义脉络""意义关联"。而英译本如此解释："它指的是在意义层面上构成了一个统一整体的诸多要素。这些要素之间有若干可能的意义关系模式，比如逻辑的一贯性，美学风格的和谐，或者手段之于目的的适用性。但是无论如何，必须在 Sinnzusammenhang 和具有因果依存关系的要素系统之间做出区别。"（阎克文译《经济与社会》，第 191 页注 8）。

可能发生。

韦伯将"理解"分为两种：直接观察的理解和解释性理解。[7] 他举了一个直接观察理解的例子：我们看到某人的面部表情，就能理解他在生气。我们看到樵夫砍柴或猎人举枪瞄准动物的时候，也能经历这样的理解。只要观察一下这些行为，我们就足以知道这是在干**什么**。然而，要理解**为什么**这么干，我们就得用上解释性的理解。我们通过"解释性理解"把握各种行动的动机和主观意义。我们要理解樵夫砍柴的行动，就得在二阶的意义上弄明白他是为了挣工钱、给家里用，还是单纯发泄情绪。同理，我们知道了猎人射杀动物是为了食物还是为了娱乐，就能解释性地理解他的行动。用一般的话说，我们将待考察的行动置于可理解的"动机的意义关联中，我们的理解可以视作是对实际行为过程的一个解释"*[8]，就能解释性地理解这个行动。换句话说，我们是通过把行动置于一个更宽泛的意义语境下来理解它的。只有参考更广泛的知识框架，才能正确理解和解释社会行为。

韦伯明确指出，不能把"理解"方法视为社会解释的全部。它需要和其他研究手段配合使用，包括实证主义者惯用的那些"科学"方法。[9] 事实上，韦伯偶尔也会把"理解"视为有效提供关于行动的各种假设的来

---

* 顾忠华、康乐、简惠美译《社会学的基本概念 经济行动与社会团体》，第29页。

源——这些假设必须接受经验的检验和验证。在此过程中，以典型的涂尔干方式发挥科学技巧和定量方法的作用是非常合乎逻辑的。

与他在观念上的某些后继者不同，韦伯绝不认为使用统计学手段是故弄玄虚，也不认为它会歪曲社会生活的微妙现实。统计学概率是检验任何命题是否普遍成立的重要方法。同时，在解释数字相关性的意义时也要谨慎。两个变量显示出持续的高度相关性，并不足以证明它们之间存在因果关系。要证明因果关系，必须证明变量之间的关系在直观上是有意义的。即便英镑在外汇市场上的涨跌和离婚率的涨跌显示出精确的同步性，我们也不能就此声称这两个事情之间存在因果关系。没有任何说得通的"动机的意义关联"能将货币市场上的行动与婚姻大事的决定联系起来。正如韦伯所言：

> 不管我们处理的是外在的还是心理的过程，也无论这种过程的规律性在精确估算下的概率有多高，只要是缺乏意义的妥当性，它就仍然是个不可理解的统计概率而已……只有在那些和某种社会行动的可理解的主观意义相吻合的统计规律上，我们方可建构出可理解的行动类型，亦即——"社会学规则"。*[10]

---

* 同前，第34页。略有改动。

虽然统计学上的相关性可能会让我们敏锐地意识到可能存在因果联系，但只有我们确信存在一系列动机时，才能在统计相关的事物间建立这种联系。所有这一切都表明，"理解"不应被视为实证和科学方法的替代品（有时也有这样的说法），而应被理解为对过于机械地运用这种方法的一种纠正方法。[11]

二

尽管如此，韦伯对"实践社会学"的论述还是引发了许多艰难的问题，而这些问题大部分他都没有回答。首先，他虽然区分了两种类型的"理解"——直接观察理解和解释性理解——可这区分既没有帮助，也不完全合理。我们很难理解为什么对一个行为的直接观察能算得上是对该行为的"理解"。例如，如果我们遇到一群人坐成一圈闭着眼睛，我们不能说就理解了他们在做**什么**。他们可能在排练戏剧，可能在与神灵交流，也可能在静静地发呆。只有当我们获得更多的信息后，才能弄清楚他们活动的社会目的，再将其与我们熟悉的文化背景联系起来，我们才能说理解了他们的活动。而韦伯认为这是第二种"理解"——解释性理解，是通过将有关行动置于更广泛的意义框架中得出的理解。但这肯定是唯一一种可能的理解。仅仅观察行为并不是理解。事实上，我们要想知道他们在干**什么**，就得搞清楚他们**为什么**这么干。

韦伯自己的例子也可以说明这一点。我们只有弄明白了樵夫挥动斧头、猎人持枪瞄准的原因，才能说我们"理解"了他们在做什么。这里唯一真正存在的区别是单纯看到或观察到一个动作与理解一个动作之间的区别。这里面并不涉及两种不同的理解。韦伯的这种区分尤其怪在，他声称"当我们听到或看到 $2 \times 2 = 4$ 这个命题时，我们能借着直接观察来理解它的意义，这是对概念的直接理性理解的例子"。*[12] 但毋庸赘言，即便是要理解这样一道简单的题，观察者起码也得具备一些关于算术的背景知识，然后题目里的符号才会是有意义的。对于未曾接触相应文化框架的人来说，他看到这些数字时不会"直接观察理解"，只会茫然无解。

韦伯时不时会提到把"理解"当作一种方法或程序时存在的某些其他困难，但从未真正加以解决。其中一个困难是，为了通过移情来理解行动者的行动，观察者必须与行动者处在大致相同的规范与道德区间。如果他们有着迥异的世界观或者互不相容的信仰，就无法充分建立移情联系。韦伯说：

> 人们行动所倾向的一些终极"目标"和"价值"，

---

* 同前，第27—28页。

> 我们可能常常无法确证式地去理解……当它们与我们自己所相信的价值偏离得越远,我们就越无法以移情式的体验去理解。*[13]

在精神或政治信仰根深蒂固的情况下,尤其如此。观察者在移情理解方面会遇到严重的障碍,如果他们本身

> ……对宗教的或慈善德行的热情无动于衷,或者不赞成极端理性式的狂热主义(如"人权斗士")。†[14]

彼得·温奇也提出了类似的观点,尽管他本人也支持"理解"方法:

> 如果宗教史学家或者宗教社会学家要想弄清他所研究的宗教运动,了解影响参与运动之人生活的各种考量因素,他本人就必须具有某种宗教情感。[15]

韦伯有时会更进一步,他认为某些类型的宗教体验本质上是无法解读的,无论观察者多么移情这些体验,对它们的解释本身就会扭曲它们的意义。

---

* 同前,第 24 页。
† 同前。略有改动。

> 这种宗教经验本身和任何经验一样，当然也是无理性的。在其最高的神秘主义形式中，它甚至是唯一而超凡的经验……它突出地表现为绝对的不可交流性。它具有一种独特性质，而且看起来像知识，却不可能通过我们的语言或概念手段充分再现。尤其是，如果试图加以理性阐释，那么任何宗教经验都会丧失某些要旨。越是进行概念阐述，情况就越是如此。*[16]

由此看来，如果行动者和观察者来自完全不同的文化，任何以"理解"为基础的程序在实践中都会遇到特别的困难。如果一个西方人面对一个异国的部落社会，试图观察理解它，就会碰到严重的阻碍，因为他和他的研究对象之间存在着巨大的规范鸿沟。韦伯认为，"我们分享原始人类感受的能力"并不比我们了解"动物的主观心灵的状态"[17] 的能力强多少。† 韦伯的这个说法与列维-布留尔提出的论点十分相似：原始人具有某种"前逻辑"的思维方式，是西方的思考和理解模式无法轻易把握的。虽然韦伯本人并未深入探究这个论点，但这与他通常的初步假设——合理性主要是西方文明的产物——十分吻合。

---
* 阎克文译《新教伦理与资本主义精神》，上海人民出版社，2018年。
† 顾忠华、康乐、简惠美译《社会学的基本概念 经济行动与社会团体》，第39页。

如果原始人的主观意义真的无法为受过教育的西方观察者所理解，那这就对社会人类学学科构成了致命性的打击。社会人类学之所以存在，原因便在于，它认为来自异域文化之人的动机和情感是完全有可能把握、完全有可能得到某个西方观察者的理解的。就人类学专业而言，理解部落民族的信仰和活动，并不需要行动者和观察者有一套共同的价值观和想法。涂尔干可能也会觉得韦伯提出的看法很古怪。毕竟，他自己的宗教理论几乎就完全基于对澳大利亚土著宗教仪式和信仰的细致分析之上。涂尔干在理解"宗教生活的基本形式"时，显然没有遇到难以克服的困难，尽管澳大利亚的土著部落民族与这位巴黎学者之间存在巨大的文化鸿沟。

假设韦伯被人问到这个问题，他大概会被迫论述说，无论这个西方的观察者有多么敏感、敏锐，也只能寄希望于对部落社会有一个片面或朦胧的了解。无论是涂尔干，还是造访这个部落社会的人类学家，都永远也不可能把握行动者自身经历到的宗教或世俗生活的完整意义和重要性。他们只能非常不完美地呈现这一现实，因为站在西方的视角看待这一现实、将之纳入西方思想和语言的范畴内，这个过程本身必然会扭曲这一现实。

不过，涂尔干和人类学家可能对这种反对意见提出一种现成的反驳，这种反驳恰恰能击中"理解"方法的核心。他们反驳的理由是：韦伯要怎么才能证明，西方观察者确实没能充分理解原始人的主观意义和动机？他要怎么才能证明，部落民族的宗教或神秘体验与西方观察者自己对这些体验的描述之间确实存在着差异？要想确凿无疑地证明观察者所呈现的现实是有缺陷的，韦伯就必须辩称，他自己已经设法实现了真正真实的描述。也就是说，要么说原始思维无法捉摸、宗教经验不可言喻的命题是有问题的，要么韦伯就必须声称唯独他自己有幸进入了这些神秘深奥的领域。

即使行动者和观察者具有相同的文化背景，只要是试图采用"理解"的程序，都会遇到一个令人头疼的问题：我怎样才能确定自己确实掌握和理解了行动者的主观状态？我怎样才能知道自己有没有误解行动者？韦伯的建议是，观察者应该用一些外部的行为标准来检验自己的解释。但如果要把行动者的行为当作其内心状态的最终检验标准，那首先最好还是专注于研究这种行为，不要管主观的意义。看起来，"理解"所产生的命题要么是不可证实的——因为观察者无法证明他的移情到底正不正确——要么必须通过行为标准来验证，但这样的话观察者的移情就多余了。

韦伯认为我们不太可能理解那些我们无法移情的活动和信仰，这种说法还有其他令人担忧的地方。除了我们熟悉的宗教行动之外，他还提到了政治参与，如"人权斗士"——听起来像是韦伯版的激进社会主义或马克思主义。[18] 言下之意，韦伯认为"理解社会学"也不适用于研究人们深刻与热烈地持有的价值观和信仰。这有点让人遗憾，因为各种"狂热"的信念往往都被社会学家和其他人视为特别有趣的研究对象。如果只要观察者个人不喜欢这些信念，或者对它们没兴趣，他就不适合研究它们，那社会学的研究范围就会严重缩小。这意味着，只有在某种程度上支持法西斯主义的人才能研究法西斯主义，只有列宁主义者才能理解列宁主义，诸如此类。[19]

要注意的是，韦伯本人从未觉得自己因为与研究对象在情感上存在距离而受到妨碍。他自称"欣赏不了宗教"，但他完全愿意对加尔文教、印度教、佛教、儒教、犹太教和伊斯兰教进行一系列解释性研究。在这些研究中，他并不认为因为自己缺乏信仰，就应该在论述宗教经验和意义时留有余地。他可以非常自信地解释这些宗教，就好像他是在借助信徒的眼睛看待这些宗教。我们会在下一章讨论韦伯是怎样运用这种移情来解释宗教的。

三

作为一种研究方法，"理解"似乎基于这样一种假设：个体往往能意识到自己的行动动机和主观状态。如果行动者自身的意义和对现实的认识是解释行为的重要元素，那么就必须把这些意义和认识本身视为社会事实。从表面上看，这种方法似乎并没有为马克思的虚假意识概念留下多少空间。马克思试图将真实的认识和理解与虚假的认识和理解区分开来——真实的认识和理解与个体的阶级利益大体一致。普通人受资产阶级意识形态的影响，对社会现实的认识往往是极其错误的。因此在马克思看来，凡是试图以行动者的视角看待现实，很可能都只会再现统治阶级宣传的虚假或扭曲的事物。由于真实意识或者说阶级意识是在日常生活的表面之下运作的，是一种潜在而非显见的力量，因此无法通过"理解"的程序来挖掘。

考虑到韦伯熟谙马克思的虚假意识概念，在确立自己的方法论观点时，他可能本该对这一概念提出一些质疑。例如，他可以说，区分真实意识与虚假意识，往好里说是没什么用，往坏里说则是没什么道理。譬如某人以某种方式认知了某种情况，并根据这一认知采取了行动，那么为了解释他的行动，他看待事物的方式就必须被视为相关的社会信息。意识是真是假并不重要，真正重要的是行动者自身对现实的意识，无论要怎么看这种意识，因为这种意识才是这个人做出社会行动的真正动机。可是，这样的质疑虽与韦伯关于"理解"的说法是一致的，但韦伯并没有真的这样质疑过。非但如此，他反而提出了一种与马克思并无二致的观点。也就是说，他严重怀疑个体能不能理解自身行动的全部意义，能不能把握行动的主观意义。

> 在大部分的例子中，实际的行动往往是在其"主观意义"处于模糊的半意识或根本无意识状态的情形下进行。行动者对自己行动的主观意义经常只有不清楚的一份"感觉"，而非知道或"确切明白"……只是偶尔的并且在大量同样的行动中常只有个别的几件事例，行动的意义（不论是理性的或是非理性的）才能够被提升到意识的层面上来。真正有其效果的，即被完全清楚意识到的有意义的行动，在现实中始终只是一种边缘情况。*[20]

需要提到的是，韦伯并没有直接使用过"虚假意识"这个表述本身；但他既然说，在通常情况下，典型个体是在"其主观意义处于模糊的半意识或根本无意识状态"的情形下行动的，那么这与马克思对异化之人的心理描绘就并无不同。这种对个体思想能力的悲观评价更贴合历史唯物主义的解释框架而不是"理解社会学"。如果行动者本身不能知道自身的动机，不能理解自身行动的意义，那韦伯的方法到底有什么用？如果按照韦伯的说法，社会行动的参与者本身对一切事物都如此缺乏远见，我们又如何能透过他们的眼睛来理解社会行动呢？

对此韦伯提了建议，尽管并不是很有用：他认为社

---

* 顾忠华、康乐、简惠美译《社会学的基本概念 经济行动与社会团体》，第48页。同时也参考了阎克文译《经济与社会》，第140—141页。

会学家应该把行动者的行动"当作"完全是有意义的。社会学家可以想象，人们在完全拥有自我意识的情况下会如何行动，并将这种想象出的结果与他们实际行动的方式进行比较，由此便可以显示出他们在多大程度上偏离了真正的理性行动。这一想象的程序要想成功，自然有赖于观察者比行动者本人更能洞察到行动者的主观状态。要绘制偏离的轨迹，必须有人知道理论上真正理性的行动轨迹是什么。也许韦伯是因为谦逊才没有直截了当地宣称，社会学家与他研究的普通人不同，没有意识上的缺陷，所以能胜任这项任务。

四

韦伯在其关于方法论的著作中经常推荐的一种程序性手段，就是将理论上假定的某种"纯粹"的社会行动形式与实际的社会行为过程进行比较。在他关于理想类型建构及其用途的讨论中，这种方法显得尤为重要。理想类型是一种抽象概念，我们试图用它来把握复杂的社会世界。韦伯正确地指出，我们无法从整体上把握社会现象。像资本主义、新教或官僚制这样的行为模式和制度形式，都是由大量相互关联的规范性和结构性要素构成的。为了理解所有这样的制度或社会形成，就需要将其还原为核心的组成部分。为此，我们提炼出有关制度的核心或基本特征，对之加以强调，同时压抑或者贬低对于制度来说被认为比较边缘的特征。这就意味着，我们建构的资本主义、资产阶级革命或者其他任何东西的理想类型，都不可能准确地表现真实的事物。它相对于真实而言，几乎必然有些偏颇或夸张，就像漫画家的漫画是一张仍可辨认但更为夸张的脸。因此，资产阶级革命的理想类型不会完全符合任何一场特定资产阶级革命的特征，而是对这些革命的一般特征的某种提炼。换句话说，理想类型只是接近社会现实，不是也不可能忠实地反映社会现实。

韦伯承认，构成理想类型的要素在某种程度上是任意选择的。什么要素得到了选择和强调，什么要素遭到了淡化，在某种程度上受被研究的问题的类型以及被提出的问题的影响。因此，讨论理想类型是否正确，并无多大意义。对于某一类研究，可能最好选择这样一组要素；对于另一类研究，可能选择一组完全不同的要素更合适。

在这个问题上，韦伯提出的观点是，认为我们能以某种方式捕捉到社会现实的"真正本质"，这种看法是妄想。社会现实并没有什么真正的本质，它总是能以各种方式得到建构或表现。什么是社会现实，在很大程度上取决于我们一开始借助什么概念工具来看待它。韦伯在这方面的立场与马克思和涂尔干明显不同。马克思倾向于区分现实的表象与现实的本质。表面的现实从来不完全等同于深层的、潜在的现实。所以他才会有那个著名的论断："……

如果事物的表现形式与事务的本质会直接合而为一，一切科学就都成为多余的了。"[21]在马克思看来，存在着某种终极的、不可还原的现实层面，这种现实并非由我们自己的概念制造的纯粹的人工产物。尽管对资本主义、国家等可能存在不同的描述方式，但这些不同的建构肯定不会被赋予同等的有效性。虚假的建构和真实的建构是不同的，资产阶级的、意识形态的概念和科学的概念也是不同的。

涂尔干的观点与此大致相同。他在分析集体行动时，并不是提出一种可能的解释，而是要揭示社会生活的本质。他试图还原宗教的"基本形式"，以此揭示超自然信仰的实质，即存在于从最简单到最复杂的所有宗教中的实质。涂尔干的标准初步假设是，任何社会现象的本质，都可以通过展示其各种表现形式的共同点来确定。涂尔干的任务是揭示所有宗教、道德体系、法律制度等的共同之处。看似不同的事物，实际上有怎样的共同点？对涂尔干来说，这项工作的意义不在于构想只是微弱地近似于社会现实的理想类型，而在于深入现实的根本核心。

而从韦伯的角度来看，即使有可能确定宗教、道德或法律的某些本质，但这仍然解答不了任何值得研究的问题。就拿宗教来说，还是需要展示，不同的宗教在表达宗教教义时存在何种差异。对涂尔干来说，"宗教教义与宗教仪式的细节不是最重要的"[22]；可对韦伯来说，宗教教义和宗教仪式的细节却是最重要的，因为不同的教义激发出的社会行动是极为不同的。他的意思是，别管宗教的本质了，我们要研究一下各种宗教对社会行动造成了怎样的不同影响。对于其他的复杂制度，韦伯也是这样认为的。更有成效的社会学研究，在于发现制度形式内部和之间的各种差异，而不是寻找所谓一切社会制度共有的形而上实体。而如果把社会学研究的焦点放到制度形式的多样性上，放到制度形式的类型和亚类型上，那么就必须用到理想类型这样的理论工具，它可以为混乱的现实带来某种概念上的秩序。

韦伯认为，理想类型应该被当作比较和评价经验案例的准绳。因此，社会学理论关注的，便是作为社会学研究对象的社会制度或行动模式的理想类型与实际形式之间的差异。社会学研究的目的，则是展示说明像官僚或宗教制度这样的社会现象，它们的理想类型与具体案例之间存在何种性质、多大程度的差异。显然，韦伯认为，要理解它们的因果关系，必须先进行这一程序。

> 不论理性的理想类型是什么内容……在经验研究范围内的这种构想，始终都只有如下目的：把它与经验现实进行"比较"，发现它与经验现实的反差、距离或者相对的近似性……理解和说明因果归因。*[23]

---

* 阎克文、姚燕译《社会科学方法论文集》，上海人民出版社，2022年，第264页。

然而，韦伯从未真正阐明，这个程序实际上能解释什么。只是说明理想类型与经验现实之间的确缺乏对应关系，算不得什么振奋人心的发现。首先，考虑到构想理想类型的方式，这种差异几乎肯定存在。如果我们需要从可能的要素成分中选择几个关键要素，然后按韦伯说的"单方面强调"[24]这些要素，那么几乎所有的经验案例都会偏离纯粹的理想类型。此外，所有经验案例都会偏离理想类型，从这个事实中可以得出哪些可能的因果推论，也绝非显而易见。准确地说，因果关系这个说法在这里似乎并不适用。理想类型与现实之间的所有差异，都是直接来自理想类型最初的建构方式。如果我们当初选择和强调的是另一组要素，我们发现的就也会是另一系列差异。我们怎么才能确定，我们发现这些差异，并不只是"因为"我们最初建构的理想类型太过草率呢？

五

韦伯指出，理想类型必然是带有道德色彩的建构。"对文化现实的一切认识始终都是从特别独特的观察视角出发得出的认识。"*[25] 不可能存在所谓

---

* 同前，第 47 页。

> 撇开那些为了说明的目的而明确或含蓄,有意或无意地挑选、分析和组织起来的具体而片面的观点,能对文化生活……对"社会现象"进行绝对"客观的"科学分析,这样的事情是不存在的。*[26]

韦伯强调,社会现实是不可能通过让事实"自己说话"来理解的。社会事实本身并不是作为事物存在的,不是海滩上的鹅卵石,等着人去把它们捡起来。什么是社会事实,主要取决于我们以什么样的道德观看待世界。对于那些主张我们要摒弃一切先见、要认识纯粹的社会现实的理论家,韦伯从来没有好话。但这种学说不乏拥趸,甚至涂尔干偶尔也会支持。涂尔干在讨论社会学研究方法的文章中说,研究社会生活,"必须消除一切先入之见。(这是)……一切科学方法的基础"。[27] 他反复强调,必须把社会事实当作"事物"来看待,这意味着他在面对社会现实的问题时,主张一种讲求实际、直截了当的方法。

然而在韦伯看来,人类不可能消除所有的先入之见,因而对社会事实的建构存在着极大的问题。由于社会事实的存在仅仅决定于用来定义和组织这些社会事实的概念,我们实际上只需改变我们建构事实所依据的概念框架,就

---

* 同前,第37页。

可以创造出新的事实，抛弃别的事实。例如，像社会阶级这样的实体，只需在概念上做点改动，就可以一举将它废除。今天你觉得它们存在，明天你又觉得它们不存在了。

韦伯坚信，所有理论建构都带有各种各样的偏见，可他的这种看法很难与他为解释理想类型而提出的主张相调和。既然针对同一现象有可能建构出截然不同的理想类型，那么首先要回答的问题就是：如何在这些不同的理想类型之间做选择？我们凭什么断定甲理想类型比乙理想类型更有解释力？我们自然会说，只要让它们各自接受事实世界的检验，比较它们的表现，就可以解决这个问题。可既然韦伯认为，我们就是借着建构的理想类型才得以观察世界，并没有这样一个独立于这些建构而存在的事实世界，那么直接比较不同的理想类型，实际上就是不可能的。每一种理想类型都只是基于它产生的社会事实发展起来的。[28]

例如，假设我们希望建构一种"民主制"的理想类型。一种可能的建构是强调自由选举、政党竞争、在野党的合法权利、三权分立和保障公民自由等特征。如果以此作为民主制的理想类型，我们就会发现共产主义或社会主义制度大幅偏离了该理想类型。相比之下，西方政治制度更接近于这一理想类型。在此基础上，我们可以断言，西方资本主义制度比社会主义制度更加民主。然而，我们也可以建构民主制的另一个理想类型，强调另一些不同的标准。我们可以认为，这种理想类型的主要特征是不存在财产所有者，不存在剥削阶级，也不存在现实中会将权力集中在少数人手中、牺牲多数人利益（哪怕他们拥有纯粹形式上的自由和权利）的财富不平等。若以这一概念标准来衡量，则西方资本主义国家往往比许多社会主义国家更偏离这种理想类型，因此可以判定社会主义国家更加民主。由于这两种建构都带有（且势必带有）道德倾向，因此很难看出其中的某种建构在解释上比另一种更优越。这是所有理想类型的问题所在。所以，并非所有人都会赞同韦伯热情洋溢的说法，即如果这些建构

> 被用作比较和衡量现实的概念手段，它们对研究还是具有巨大的价值，对解释性目的也有高度的系统性价值。*[29]

至少可以说，我们借助理想类型认识到的与其说是社会现实，不如说是研究者的固有成见。韦伯自己基本就是这么说的。关于现实的两种说法之间的竞争，归根结底是不同道德体系的冲突。

> "世界观"绝不可能是不断增长的经验知识的产

---

* 同前，第63页。有改动。

物，那些最强有力感动着我们的最高理想，始终只是在与对别人来说同样神圣的其他理想的斗争中形成的。*[30]

有鉴于此，韦伯似乎应该不太可能倡导"价值中立"的社会理论才对。如果社会学的研究工具充斥着观察者自身的价值观和先入为主的观念，那社会学本身如何能做到价值中立？韦伯明明认为知识必然是一种社会和道德建构，却又明确和坚定地要求，价值判断应该被排除在社会学观察之外，乍看之下，这实在令人费解。

还好我们发现，韦伯虽然提了这样的要求，但他的要求温和且范围有限，这个问题才得到了部分解决。他真正要求的只是学者们不要公开宣扬他们对社会事实的个人观点。教师与学者的责任是给出关于收入分配或罢工发生率的证据，不是把这些证据当作捶胸顿足或者欢喜雀跃的理由。课堂不应被用于发表隐晦的政治演说、大放厥词的宣讲。课堂

> 涉及的仅仅是极为平常的要求：研究者和教师应当无条件地区分对经验事实的确认和他的实践性价值判断。†[31]

---

* 同前，第22页。有改动。
† 同前，第229页。有改动。

韦伯从未真正正视的问题是，即便社会学家愿意不公开发表自己的观点，但道德上的中立性是否会在不知不觉中被违反。他相信社会科学家有能力"区分认知与判断"[32]，这与报纸编辑相信自己有能力区分新闻和评论没什么区别。编辑呈现报纸上的新闻时，严格依照事实，不带偏见、不具立场地记录事件。而对这些事实的评判，则被放在新闻评论栏目。然而，现在似乎有一小群社会学家——"媒体理论家"——他们的主要活动就是给这种观念泼冷水。他们告诉我们，所谓的"新闻"实际上是一个非常有选择性的社会过程的最终产物。某些偏见和先入为主的观念在暗中发挥作用，记录某些事件，封锁另一些事件的消息，同时影响着生产新闻时所使用的道德词汇。因此，自诩公正报道了事件事实的叙述，实际上是一种完全偏颇的表述。这些偏见可能会以比新闻评论更加微妙和潜移默化的方式发挥作用，因而它造成的影响会更加有效。[33]

对社会学研究也可以提出类似的质疑。仅仅因为研究者没有拿着他的研究成果公开叫嚷或者进行道德说教，并不能就说这些研究成果是价值中立的。指导研究的初步假设，以及研究在概念使用上的选择，意味着最终成果将具有一定的道德色彩。如果研究使用的是理想类型，情况可能尤其如此，原因我们前面已经讲过了。借助这些概念，怎样才能得出价值中立的结果，对此韦伯没有提供任何指导。

韦伯在这个问题上的立场本可以更坚定一些，只可惜他是把价值判断与政治站队当作一回事来看待的。他本可以承认，由于所有形式的社会学研究都要使用带有道德色彩的概念和建构，因此研究成果不可能价值中立。或者，他也可以坚持主张，在课堂上和学术出版物中不要进行政治站队。尽管社会学家在工作中就算想要避免做出价值判断也避免不了，但他**可以**避免就各种具体的问题啰啰唆唆地说个不停。社会学研究无法摆脱隐性的价值判断，并不意味着可以完全任由社会学家登上讲台振臂高呼。

六

尽管韦伯推崇理想类型，认为它具有可以解释问题的优点，但他一般并不是按照自己推荐的用法来使用理想类型的。他对官僚制的建构（或许是他的学术理论构想中最具影响力的）即为一例。第一步，即建立理想类型，是以树立模范的方式进行的。也就是说，韦伯选取并强调了官僚制的特征，他认为这些特征是官僚制的显著标志，包括：正式的等级制度和官员系统，照章办事，按功绩或资历晋升，对档案和信息的严格管控，等等。韦伯认为，这些要素结合在一起，使官僚制具备了"优于任何其他组织形式的**技术**优势"。

> 拿发展成熟的官僚制机构跟其他形态的组织来比较，其差别正如机器生产方式与非机器生产方式的差别一样。精准、迅速、明确、熟悉档案、持续、谨慎、统一、严格服从、防止摩擦以及物资与人员的节省，所有这些在严格的官僚制行政（尤其是一元式支配的情况）里都达到了最理想状态。*[34]

韦伯建立他的官僚制理想类型之后，人们自然认为，他会将这个官僚制的理想类型与现实中的经验案例进行比较。他可以用它作为评价标准，考察普鲁士的公务员制度、大学行政制度或德国工会等行政管理实践。他本可以提出一种初步假设：这些具体的官僚制与官僚制的理想类型之间的差距越大，它们在行政事务中丧失的"技术优势"就越大。但韦伯并没有这么做。他没有提出任何证据来证明，偏离理想类型的组织确实丧失了精确性、速度和明确性，或者内部摩擦以及物质和个人成本有所增加。官僚制在技术方面的优越性被直接说成是无需经验证明的公理性真理。

同样值得注意的是，韦伯将官僚制描述为一种在规范化的、僵化的规则下运作的系统，它是一种管理性的安排，个人的意志、感觉和情感在其中没有任何地位。

---

* 康乐、简惠美译《支配社会学》，上海三联书店，2020年，第46页。

> 官僚制发展愈是完美，就愈"非人性化"，换言之，亦即更成功地从职务处理中排除爱、憎等等一切纯个人的感情因素，以及无法计算的、非理性的感情因素。*[35]

官僚制的行动受严格的规章制度和纪律约束。如果把所有现任官员都赶走，换上一批全新的官员，这个制度依然会照常运转。由此产生的问题是，如果可以这样理解官僚制，而不过度关注管理者的动机和情感，那么"理解"方法要如何是好？根据韦伯的观点，官僚制的行动是由行政机器的内部逻辑决定的，不是由行动者的主观意义和认识决定的。个人动机和主观意义之于韦伯构想的典型官僚的行动，就像它们之于马克思眼中典型资本家的行动一样，都是无关紧要的。

而且不仅官僚制的行动是这样，透过理想类型观察的任何形式的行动都是这样。把某个制度中被认为最典型或者最具代表性的特征拎出来，意味着不典型的或者不寻常的特征就会被忽视。可问题在于，这些被理想类型排除在外的特征，往往可能是人性中的怪癖和习性催生的。理想类型倡导我们在思考制度与行动时，采取一种更偏重普遍性而非特殊性的方式。为了建构工业企业、核心家庭、

---

* 同前，第48页。

革命教派等的理想类型，我们在描述相关制度的特征时，多少都要抛开构成该制度的人的各种动机和情感。换句话说，理想类型往往会把我们的注意力从个体行动者及其认识上引开，可个体行动者及其认识正是"理解社会学"的主题。

当然，这并不是说理想类型与"理解"方法必然是不相容的。韦伯本人在所有的实质性研究中，都没有尝试过将二者加以调和或结合。他甚至从未将它们放在一起讨论过。然而，他的一些追随者却这样做了，并取得了有趣的结果。其中最显著的例子是对官僚制的案例研究，而这些研究大多都表明，官僚制是一种严重钝化的管理工具。现实中的官僚系统非但远不像韦伯说的那样"精准、迅速、明确"，反而更有可能是笨重、迟钝和混乱不堪的。韦伯往往会强调官僚系统功能中好的一面，忽视其功能失调的一面，而最近的大多数研究都详细论述了官僚系统有问题的地方。[36] 这个系统在满身毛病的人类的运作下，似乎频频掉链子。研究透露，官僚们很少会像形式上要求的那样，行动时不带私人感情或者如机器般精准迅速。他们的行动会受到与他人的敌对关系、琐碎的争吵以及堆满文件的办公室里那锣鼓喧天的情感生活的影响。

一旦将在职人员个人纳入考虑范围，并对他们的个人动机、意义和看法给予应有的重视，我们就能更清楚地理解，为什么各种官僚系统并不完全符合纯粹的理想类型。

在任何官僚系统的规范结构中，都暗藏着一种不规范的结构，旨在满足工作人员的个人目标和需求，这种结构往往会导致行政机器无法发挥最佳的运作能力。如果韦伯使用了自己的"理解"程序，他就会意识到这种不规范结构，从而能够解释，为什么理想类型与经验现实之间会出现差异。

应该说，对于人们总是有可能出于个人或情感原因而偏离任何典型行动的理想类型建构，韦伯肯定是不陌生的。确切地说，他持有一种颇为奇特的观点，即社会学家原则上可以在任何特定情况下，在假定相关人员不受感情、情绪或类似"非理性"因素影响的前提下，制定出纯粹理性的行动过程。现实行为偏离纯粹理性过程的程度，可以用于衡量愤怒、骄傲、嫉妒等非理性因素对理性的侵扰程度。

> 对于一种以类型建构为目的的科学分析而言，所有非理性的、由情感决定的行动要素，都可以视作与目的理性行动的概念式纯粹类型的"偏离"部分加以研究与描述。例如，在解释"证券市场的恐慌"时，就可以如此分析：首先试图确定，假若没有受到非理性影响，行动过程将会如何；然后，便可以引进非理性的成分，以说明偏离上述假设所观察到的现象……此种情况下所建构出的严格的目的理性式的行动，就

> 可以为社会学家提供一种"类型"（理想类型），它的好处是明确的可理解性和不会模棱两可的清晰度，以便将实际上受到各种非理性因素（如情感、错误等）影响到的行动，当作与纯粹理性行动的"偏离"现象来理解。*[37]

如果理性行动被定义为不受情绪、情感等因素影响，那么只有机器人才有可能做出真正的理性行动。此外，我们很难想象，社会学家或者其他任何人真的能够在不受情感和人性的其他方面干扰的情况下，规划出理性的行动过程。这似乎意味着，在纯粹理性的条件下，只可能存在一种不可抗拒的行动过程。如果符合理性要求的行动过程不止一条，那我们就无法知道应该采用哪一种过程作为评估的基准线。遗憾的是，韦伯并没有对行动的这种纯粹理性类型做出说明。我们完全不知道，如果股票经纪人不是血肉之躯，那么按照韦伯的理论，他在金融危机中会有怎样的表现。也许，如果拒绝"恐慌"，他手中的股票就会一文不值。韦伯提出的完全理性的行动者似乎失去了在危机四伏的人际关系中穿行所需的所有直觉和感觉。

---

* 顾忠华、康乐、简惠美译《社会学的基本概念 经济行动与社会团体》，第 25 页。同时也参考了阎克文译《经济与社会》，第 121—122 页。

七

在我们结束对韦伯的程序规则的讨论之前，还应该谈谈他关于历史解释方法的教导。他希望制定一些规范的程序，使研究者能够解开历史因果关系的主线。战争和革命等重大历史事件显然是由许多不同因素或前因共同造成的。然而，不能假定所有因素对结果的产生都具有同等重要性。有些因素比其他因素更重要。因此，需要有一个系统的程序来评估各种因素的因果重要性。

韦伯建议的程序是一个想象的实验。这个实验要求研究者在没有任何特定先决因素的情况下权衡相关历史事件仍会发生的概率或可能性。例如他会问，如果斐迪南大公没有被刺杀，第一次世界大战是否还会发生；如果列宁没有顺利到达革命现场，十月革命是否还会发生。倘若观察者根据他的假设重构得出结论，没有这两个具体事件，1914 年的战争和 1917 年的革命就不会发生，那么这些前置因素就必须被赋予首要的因果重要性。但如果他得出结论认为，即使没有这两个特定条件，那场战争和那场革命很可能还是会发生，那么这两个条件起到的因果影响力就会相应降低。

韦伯在这里要说明的是，需要区分两种不同的因果关系模式。第一种模式是，就算没有某个特定的前置因素，相关的重大事件还是可能会发生。第二种模式是，某个特定的因素具有决定性的重要性，如果这个因素不存在，历史的进程就可能截然不同。韦伯将第一种模式称为**适当因果关系**，将第二种情况称为**偶然**因果关系。[38]

适当因果关系适用于社会和政治的紧张局势已经累积到了一触即发的程度，存在许多完全不同的关键事件，其中任何一个都可能成为引爆火药桶所需的火花。因此，即使斐迪南大公没有被刺杀，但当时欧洲政治局势已经极为紧张了，所以我们还是认为，其他一些重大"事件"也会导致类似的结果。而**偶然**因果关系则适用于社会性的爆炸事件是由一个独特的火花引起的情况，也就是说，这个火花是一个无法替代的因素或事件。一个例子就是托洛茨基对列宁在十月革命中的作用的评价。托洛茨基认为，如果列宁不亲临现场指挥，就不会有这场革命。把列宁"想没"，俄国历史就会走上截然不同的道路。[39]

韦伯并不希望他的方法被理解为鼓励人们耽于遐想，猜测如果历史上没有发生这样那样的事情，可能会是什么样子。这么做的意义是对整体组合中的各种成分赋予不同程度的因果重要性，而这种评价只能通过概率权衡来进行。如果可以利用比较证据，这项工作就会容易得多。如果在一系列不同的情况下，某些因素可以被视为常数，另一些因素可以被视为变量，那么因果关系的重要性就可以更令人信服地确定下来。这就是韦伯在权衡某些宗教信仰对西方资本主义崛起的影响时所采取的策略之一。他对这一重大问题的研究还利用了前文讨论过的其他一些方法和程序,接下来我们就来看看,他得出了怎样的成果。

第二章

宗教信仰与社会行动

一

韦伯通常被认为是一位倡导规范性解释的理论家，反对历史唯物主义的主张。他呈现在我们面前的形象是一个非常重视观念在社会生活中的独立作用的人。马克思视价值观和宗教信仰为阶级或物质利益的副产品，而韦伯则试图证明，它们的因果关系往往是反过来的。不过，韦伯自己事实上也有相当强的唯物主义倾向，这特别体现于他有关政治的著作中：他一般不认为价值观或意识形态能够对坚固现实的社会结构产生什么影响，尤其是在社会结构发展到官僚制阶段之后。在韦伯关于宗教的著作中，潜在的"观念论"倾向可能体现得更明显，即便如此，他也始终认为，宗教信仰只会在涂尔干所谓的"外在社会事实"的限定范围内发挥影响。

韦伯之所以被扣上反唯物主义者的帽子，主要原因是他关于早期新教的论文。他在这些文章中试图说明某些宗教准则与某种资本主义的思维存在关联，结果这些文章往往就被简单粗暴地曲解为，他认为新教加尔文宗是催生资本主义的主要原因。他的论点之所以会被批评者和他的敬仰者简化成这种简单且夸张的公式，并不完全是因为他的读者理解不了他的作品。他提出的论点充满了模糊、矛盾和观念上的其他奇想。因此，它毫不意外地引发了大量误解和争吵，养活了许多学者。尽管如此，其中有些误解是可以理解的，有些误解则是不可原谅的；有些人在转述韦伯的论点时，把他的实际意思完全反了过来，对于这样的人，韦伯当然有权发脾气。我们现在就考察一下，韦伯都说了些什么，他说的这些可能是什么意思。

在其关于早期新教的论文中，韦伯尝试探讨一种特别的宗教伦理与一种资本主义精神或者说思维之间的关系。这句话里的"一种"是必须要加上的，因为韦伯指出了不止一种类型的资本主义精神。更准确地说，他指出了几种不同类型的资本主义，每种都可以被认为有其相应的精神。其中最重要的是**战利品资本主义**、**贱民资本主义**、**传统资本主义**和**理性资本主义**。[1]

战利品资本主义是一种通过战争、掠夺和投机冒险获取财富的方式；战利品资本主义的典型代表是"强盗贵族"*。**贱民资本主义**是指被排斥在社会主流之外的社会群体所从事的商业活动，尤其是放贷活动。韦伯一般将犹太人视为贱民资本主义的典型。**传统资本主义**是自古以来存

---

* 中世纪的一种封建贵族，拥有合法的封地，但会对辖下臣民征收高额赋税，向过往旅客收取高额过路费，甚至实施暴力抢劫、绑架、勒索等手段谋取财富。

第二章　宗教信仰与社会行动

在于所有文明中的一种大规模经营活动。这些经营活动通常是为了特定和有限的目的，而不是为了持续积累财富和制造利润。最后，**理性资本主义**是一种以正规市场为导向的经济活动形式，使用簿记以确保严格的可计算性，并通过合法手段系统地追求利润。最重要的是，理性资本主义要求雇佣形式上自由的劳动力，从而产生了无产阶级。我们今天最熟悉的正是这种资本主义，它是现代资本主义的代名词。韦伯几乎只关注这种类型的资本主义。

之所以只关注这种类型，是因为只有在西方才诞生了理性资本主义。其他类型的资本主义在全球不同地区和不同历史时期都曾分别出现过。理性资本主义的产生显然需要非常特殊的环境。韦伯正是把他的思想精力用于阐明这些特殊情况了。

他首先区分了理性资本主义出现的两套不同的环境或者说先决条件，即规范性条件和制度性条件。必须先具备资本主义的理性"精神"和物质"质料"，才会出现资本主义的经济制度。这两者可以各自独立存在，只有二者的偶然结合才能产生变革性的综合体。如果缺失了任何一个，就不可能产生理性资本主义。

韦伯坚持认为，规范性和制度性的先决条件——精神和质料，可以独立变化，这实际上产生了四种可能的组合：

	精神	质料
第一种	无	无
第二种	无	有
第三种	有	无
第四种	有	有

第一种情况指的是既不存在资本主义的规范性条件，也不存在资本主义的制度性条件。这种情况的一个明显例子是部落社会。

在第二种情况下，资本主义的制度性条件是存在的，但不存在理性的经济精神。韦伯对于东方国家的社会情况经常就是这样描述的。这些社会的物质基础非常适合资本主义剥削，但却从未被必要的动力激发起来。

第三种情况与第二种正相反。资本主义精神不仅存在，而且很蓬勃，但缺乏适当的制度性支持。韦伯为了让读者思考这种相当不寻常的状态，举了一个例子：本杰明·富兰克林。他是资本主义精神最杰出的代表，当时却只能在宾夕法尼亚没有前景的荒郊艰难度日。

第四种情况便是既有精神也有质料，二者产生了爆炸性的混合，改变了经济和社会生活的基础，并带来了现代资本主义。

由于韦伯将现代资本主义的规范性和制度性先决条件视为独立的事物，因此他自然试图对它们分别进行阐述。

后来人们的大部分争论都集中在他对资本主义精神起源的论述上，因此我们不妨先来考察一下这一方面。

二

韦伯在讨论早期新教或加尔文宗信仰与理性资本主义思维之间的联系时，倾向于在两条相当不同的论证思路之间来回转换，这两条思路可称为强论点和弱论点。强论点认为，加尔文宗的教义是创造资本主义精神的积极、决定性力量。它们是理性经济活动的思想和实践背后的灵感动力。韦伯注意到，这种活动在早期新教徒中比在同时代的天主教徒中普遍得多，因此他宣称"生活态度之所以不同，主要必须从宗教信仰的恒久的内在特质当中来寻求"*，而不是从他们不同的社会环境中去寻找。[2]

强论点提出，早期新教的独特伦理不仅在历史上先于资本主义精神，而且是塑造这种精神的决定性力量。特别是，韦伯认为"近代的资本主义精神本质上的一个构成要素……乃是由基督教的禁欲精神所孕生出来的……"†[3] 基于"天职"思想的理性经济行为也是如此，韦伯的著作中还有许多其他论述都提到了新教伦理与资本

---

* 康乐、简惠美译《新教伦理与资本主义精神》，上海三联书店，2019年，第13页。
† 同前，第177页。

主义精神之间的直接因果关系。

除了这个强论点，还存在一个弱论点。弱论点主张的并不是加尔文宗伦理积极催生了资本主义精神，只是这两种观念有着密切融洽的关系。典型早期新教徒的道德准则和典型理性资本家的经济准则表现出了不同寻常的一致性。理查德·巴克斯特这样的清教徒和本杰明·富兰克林这样的新兴资本家在不知不觉中成了弟兄。韦伯在"弱论点"中使用了较为谨慎的方法，总结如下：

> 面对宗教改革文化时期里的物质基础、社会与政治组织形态以及精神内容之间，如此错综复杂的相互影响，我们也只能做这样的处理：首先，着手研究某某宗教信仰形态与职业伦理之间是否以及在哪些点上有可辨认的某种"亲和性"。*[4]

在弱论点下，这个命题就成了，可以证明资本主义精神与新教伦理有特殊的亲缘关系，但不能证明它"孕生"于新教伦理。这样说来，资本主义精神是否可能起源于早期新教以外的源头，似乎是一个悬而未决的问题。这是韦伯似乎与自己都无法达成一致意见的众多问题之一。他相当生气地驳斥了所有关于资本主义精神只能源于加尔文宗

---

* 同前，第68页。

的说法，说这是"荒谬而教条式的命题"*[5]，可他大部分比较宗教的著作却又似乎都在致力于证实这个说法。

韦伯研究了世界上的许多宗教，试图说明这些信仰体系是如何阻碍理性经济观的发展的。印度教、佛教、伊斯兰教、儒教、中世纪的天主教，这些宗教都以各自不同的方式被认为充斥着与理性经济行为背道而驰的"魔法"信仰和仪式。加尔文宗和它的各种支流是一个引人注目的例外。它是极少数没有巫术或类似因素钳制资本主义精神的宗教派别之一。因此，在弱论点中，加尔文宗起到了消极的作用。它的决定性意义不在于它主动做了什么，而在于它没有做什么。它没有扼杀理性的渴求财富的精神；在这方面，它几乎是独一无二的。不管认为没有其他宗教可以催生资本主义的这种说法有多么"荒谬而教条"，事实是韦伯自己对其他可能性也是只字不提。

尽管韦伯在论述中多次搬出强论点和弱论点，但可以说他主要还是倾向于强论点。尽管他习惯于提出各种限制和告诫，但他无疑是想说明，早期新教信仰对人在经济领域中的行为产生了无与伦比的影响。他的思考链条比较复杂，其中的各个环节都值得我们仔细斟酌。

---

* 同前，第67页。

三

他论述的出发点是加尔文宗的预定论。这种教义认为，每个人未出生时，上帝就已经决定了他或她的最终命运。人在出生的那一刻，就已经注定了是得救还是被罚下地狱；无论这个人在一生中是尽职尽责还是恣肆放纵，都不会对这个注定的命运产生丝毫影响。上帝的决定是不可逆转的。韦伯说，按照逻辑，这种信仰似乎会导致一种宿命论的态度，对自己的命运完全听之任之。既然如此，预定论的教义何以与加尔文教徒极其活跃的经济和社会生活，以及他们对要行善功的执着心态产生了协调的关系？

韦伯的答案是，他们被"救赎的不安"所困扰。由于加尔文教徒承受着无法忍受的心理负担，不知道自己是否被上帝选中得救，遂逐渐在这种不安的驱使下，寻求能显示自己得到了上帝恩典的迹象或者说确证。每个信徒都想让自己和他人相信，他是被拣选者之一。为此，最能说明问题的活动就是能产生可见成果和具体证据的活动。韦伯说，"为了给救赎确证提供可靠的基础，信仰必须用其客观的作用来证明"。*[6] 因此，善功成了真正的信徒发现自己恩典状态和最终命运的实际手段。

---

* 同前，第92页。

> 所以，以善功作为获取救赎的手段是绝对不适切的，可是，作为被选的表征，善功却是不可或缺的。它是一种技术手段，并非用来购买救赎，而是用来解除关于救赎与否的不安……而实际上这结果则意味着：自助者，神助之。所以，正如常有人这么说的，加尔文教徒的救赎——正确的说法应该是救赎的确信——是自己"创造"的。*[7]

因此，"救赎的不安"将预定论从一种潜在的宿命论和消极的处世态度，转变为一种极为积极和忙碌的态度。加尔文教徒开始了没日没夜的劳动和有条不紊的世俗职业活动，以此来消除内心的精神疑虑。在新教伦理与资本主义精神的因果链条中，对救赎的担忧是这链条的第一环。

"救赎的不安"这一概念显然对韦伯的论点非常重要，但它也引发了一些令人尴尬的问题。首先，韦伯并没有用大量的证据向我们证明，典型的加尔文教徒真的深受救赎不确定性的困扰。韦伯有这样的直觉或推论是完全说得过去的，但这并不完全是一回事。无论是在《新教伦理与资本主义精神》的正文中，还是在伪装成脚注的许多小论文中，都没有任何记录表明，加尔文宗平信徒的言论支持他们有救赎的不安的假设。韦伯在讨论这个问题时提到的所

---

* 同前，第94页。

有引文，都来自神学家或牧师，尤其是清教徒教士的著作。韦伯这是让我们将神职人员形诸文字的教诲和发言当作可以体现平信徒信仰和实践的证据。

当然，我们可能不愿意接受这种可疑的论点；问题是，如果我们不愿意接受，韦伯还很鼓励我们反对他自己。在《经济通史》中，他强调有必要区分宗教的官方教义和它们所产生的实际行为，特别叮嘱过，"有必要区分专业的宗教和大众的宗教"[8]；甚至在《新教伦理与资本主义精神》这本严重依赖专业宗教文献写成的作品中，他也提出了相同的告诫："某种宗教立场力求达成的理想，与此一立场对其信徒的生活样式实际产生的影响，是必须严格区分清楚的。"*[9]

韦伯可能会为他的程序辩护，称专业的宗教与大众的宗教之间的区别并不适用于早期新教。由于没有牧师等级制度或教会官僚机构，可以认为，清教教士的布道相当准确地反映了平信徒们的情绪。因此，巴克斯特教士可以被视为代表了平信徒的心声。总之，韦伯似乎并不怀疑，讲坛上的教诲会被平信徒们充分吸收、付诸行动。

如果韦伯听从自己的建议，他可能会研究一下普通的加尔文教徒在多大程度上确实与神学家们有着相同的信仰。救赎的不安是不是对预定论的一种典型而普遍的反

---

*　同前，第19页注6。

第二章 宗教信仰与社会行动

应,这肯定是"理解"方法要提出的问题。与其直接将救赎的不安归结于普通的加尔文教徒,韦伯本可以询问行动者本身是如何看待和处理这一问题的。按理说,更恰当的研究策略应该是研究这些文化水平较高的人的日记、通信和其他个人文件。

基于这样的证据,至少就可以粗略评估一下巴克斯特有多大的典型性。毕竟,理想类型的全部意义——用抽象的理论尺度来比较和评价经验现实——不正在于此吗?但韦伯并不是这样做的。韦伯从来都不是把巴克斯特的发言仅仅当作某种宗教世界观的临时表述,有待在更深入的研究中得到修改润饰。在韦伯看来,巴克斯特的言论就是对新教伦理的提炼。

我们很容易让步,认为用"理解"方法来解决这个问题会遇到巨大的困难,尤其通过文献资料来"理解"。可有意思的是,韦伯却又暗示,我们能获取的这种资料已足够充分,足以让"理解"方法变得可行。他提到了"通过传记文献来描绘出禁欲基督新教的生活样式的这种吸引人的课题"*[10]。他没有着手进行这项吸引人的课题,原因是这超出了他的研究范围。不过,他的研究本就意在表明信仰与共同的社会行动之间有何联系,却把能说明大众宗教观念的证据划在了研究范围之外,这一点还是很能说明问

---

* 同前,第143页注3。

题的。

韦伯没有证据证明救赎的不安普遍存在,而是用同理心来理解加尔文教徒。既然不需要成为凯撒就能理解凯撒,加尔文教徒无疑也可以这样理解。在论证中的一个重要环节,韦伯似乎把自己想象成了一个面对预定论的真信徒。

> 对我们来说,关键的问题在于:在一个认为彼世相较于此世生活的一切利害关怀,不仅更加重要,而且在许多方面也更加确实的时代里,人们怎堪忍受这个教义?必然会立即涌上信徒心头,且将其他一切关怀都压退到后头的一个问题是:我是被拣选的吗?而我又如何能确知这预选? *[11]

韦伯显然无法想象,有任何人能在预定论的不确定性下安然度日。他设想自己就是加尔文教徒,于是感到了一种巨大的心理压力:他必须知道自己是否得救。因此,"广大普通人"肯定也是这样觉得的。他们需要知道自己的最终命运,"绝对没有比得知恩宠状态的'救赎确证'更重要的事了"†[12]。

若要使韦伯的论点成立,他们是否如此反应,无疑非

---

* 同前,第 87 页。
† 同前,第 88 页。

常关键。对待这种不安的方式影响着因果链条中的下一个重要环节。为了缓解内心的不安,加尔文教徒忙于善功和世俗职业活动,这些活动的成果可以被视为被拣选的标志或确证。正是这种对救赎不安的积极回应,让加尔文主义者走上了通往理性经济行动的上坡路。

为了把问题说清楚,我们现在先假设,韦伯推理链条中的第一个环节被证明是可靠的:预定论确实普遍引发了韦伯本人可能感受到的那种不安。可即便如此,真正的信徒对这种不安的反应,就一定会是像韦伯说的那样吗?显然不会,因为他们还有其他的行动方式。对韦伯的论点来说最为重要的选择,不光是一种理论上的可能性,它还是一种道德命令。信徒们必须相信,他们是被拣选得救的;对于他们可能没有被拣选的可能性,即使只是想一想,也是极不虔敬的行为。韦伯自己都承认,就连巴克斯特也教诲说:"每个人都有义务相信自己是选民,并且将任何怀疑都视为魔鬼的诱惑而加以拒斥……"*[13]

就算是这样,想要理解为什么加尔文教徒一定会狂热地从事可以证明自己是选民的活动,也并不容易。任何一个为自己是否得救而不安的信徒,都可以通过直接认定自己是选民来寻求安慰,因为加尔文宗就是这样要求的。如果开始不懈地寻找恩典的证据,反而会让自己像一个怀疑

---

* 同前,第 89 页。

者而非信徒。而在韦伯书中，典型的加尔文教徒似乎都无法接受认定自己被拣选得救的做法，非得要去承受只有理性的世俗职业活动才能抚慰的痛苦。直接接受自己是选民之一，可能会让自己少走很多弯路；可这样的话，这样的信徒就不适合扮演韦伯为他安排的历史角色了。

在勾勒出加尔文教徒的典型形象之后，韦伯开始说明，证实自己确实得救的需要，如何在不知不觉中培养了资本主义精神。在这段论述中，"善功得救"和"天职"这两个相关概念显得尤为重要。加尔文教徒一生致力于行善，为社会和经济事务注入了前所未有的系统性和计划性。韦伯将加尔文教徒的做事方式与"中世纪一般基督徒的日常生活"[14]进行了对比：

> 中世纪一般的天主教平信徒，从伦理上来说，可说是过着一种"过一天算一天"的生活。他们尤其认真履行传统的义务。但超过这之外的"善行"，一般说来就只是一种未必关联的个别行为，或者至少是一种不一定会形成合理化生活体系的个别行为……
>
> 加尔文宗的神所要求于其信徒的，不是个别的"善行"，而是提升成体系的圣洁生活……所以，平常人的伦理实践里的那种无计划性与无系统性就此被解除，并且因而形塑出笼统整体生活样式的一套首尾

一贯的方法。*[15]

加尔文主义用一种更加严谨和系统的方式，取代了天主教传统培养的懒散和无序的生活方式，播下了理性行动的种子，最终开花结果，形成了资本主义精神。

为履行自己的"天职"而从事的活动也起到了同样的作用。路德最初教导中的职业思想是说，基督教道德的最高表现形式不是修道院的禁欲和出世，而是履行与每个人的生活地位相应的义务。韦伯认为，路德的职业思想仍然是彻底的保守主义和传统主义。每个人都必须遵循上帝认为适合他的职业，服从权威和认可现状是美德的标志。因此，"将职业劳动与宗教原理结合起来一事，路德是做不到的"†[16]。一言以蔽之，"路德不能被说是与'资本主义精神'有什么内在的亲和关联"‡[17]。

加尔文宗则很不一样。它要求加尔文教徒在某个"天职"上勤勉、系统地工作，但它的教义并不坚持要求他坚守与生俱来的职业。而且，如果不抓住机会完善自我，就会浪费上帝赐予的恩宠，被发现没能正确履行上帝赋予他在尘世的使命。

---

* 同前，第95—97页。略有改动。
† 同前，第61页。
‡ 同前，第56页。英译版《新教伦理与资本主义精神》中这句话的表述与此处引用的中译表述略有出入，意思更为直接，这里一并译出以作参考："首先，几乎无需指出的是，路德不能对资本主义精神负有责任。"

鉴于韦伯强论点的总体倾向，他自然就将"天职"和善行的意义理解为经济活动的动力。这意味着，加尔文教徒通过在日常事务中取得成功，摆脱了对自己未被拣选的担忧。在市场上繁荣昌盛，在商业世界蒸蒸日上，似乎是自己受上帝眷顾的最具体证据。

> 他的利润和财富的增加是上帝赐福于他的明确标志。至关重要的是，只要他通过合法手段获得了在天职中的成功，那么在人和上帝的面前，他就衡量出了他的天职成就的价值；最后，上帝选中他去追求经济成就，并赋予他必要的手段，使他不像其他人那样，注定要由于无可争辩但又不可揣测的原因陷于贫困和辛苦劳作，这自有上帝的理由。*[18]

韦伯不愿意考虑，加尔文教徒也有可能在不依赖理性经济活动的情况下履行自己的"天职"和做出善行。他断言，衡量一个人在职业中的表现"最重要的一个判别标准是私人经济的'收益性'"[19]，然而，这似乎是他自己对加尔文宗教义的诠释，他几乎没有提供任何佐证来证明加尔文教徒本身确实采用了这样一种朴素和唯物主义的标

---

* 译文参考阎克文译《关于"资本主义精神"的反批评结束语》，见《新教伦理与资本主义精神》，上海人民出版社，2018年。略有改动。

† 康乐、简惠美译《新教伦理与资本主义精神》，第152页。略有改动。

准。一个真正的信徒,即便最大限度地履行他的"天职",他的表现也可能是受到纯粹的宗教标准而非经济标准的评判。韦伯自己也是这么说的。他承认,"其中尤可注意的是,决定职业之是否有益及能否讨神欢心的标准,首先是职业的道德水平。"[20] 加尔文教徒可以通过虔敬地履行他的"天职"而感到自己蒙受着恩典,哪怕他完全没有希望赚到钱。

善行也是一样。只要信徒的行动是在教会教义的指导下,完全是出于为上帝在尘世的目的服务的愿望,他们就是在行善。善行并不是狭义上的"工作"或有报酬的活动,其价值当然也不能只用账簿来衡量。

因此,韦伯强调经济标准和物质上的成功是得救的最明显确证,是有点没道理的。虔诚的加尔文教徒可以通过很多种方式发现上帝对自己施加了恩典,其中大部分方法都可能与经济理性完全无关。例如,别人生病了,自己却身体健康,这可以是恩典的证明;当时婴儿死亡率那么高,自己的孩子却能活下来,这也可以是证明;还有整个社会对禁欲模范的尊敬,也可以是证明;等等。韦伯的强论点若要成立,那么信徒将资产负债表的状况视为得救的最佳标志,显然就是必要的;如果加尔文教徒用纯粹的道德标准来判断自己是否得救,他们就不会乐意将精力投入

---

* 同前。

到符合资本主义精神的目的上。这样的话，就算是再怎么为得救而感到不安，也毫无用处。

四

韦伯认为，加尔文宗对"天职"的认识，塑造了工人及其雇主的经济观念。事实上，只有让劳动摆脱传统的束缚，资本主义精神的神奇魔力才能得以施展。韦伯告诉我们，传统的工人只会为他的工作付出赚取"不变的薪水"所需要的劳动。这个薪水是他维持自己朴素固定的生活期望所需的最低水平。提高他的工资并不会激励他付出更大的努力，只会让他缩短工作时间，因为他可以用更少的时间赚取这份固定的工资。这不是理性经济活动的基础。

> 无论何处，举凡近代资本主义开始借着提升人类劳动密集度以提振其"生产力"的工程时，总会遭遇前资本主义经济劳动的这种鲜明特性层出不穷的顽强抵抗。*[21]

韦伯说，这种顽强的抵抗只能通过工人的某种道德或心理转变来克服。必须得有一场关于工作态度、关于劳动

---

* 同前，第34页。

与休闲哪个更优先的巨大转变。最重要的是，工人必须摒弃古老过时的悠闲态度，不再把对自由时间的利用看得比艰苦劳动更重要。

这个转变不是轻易、凭空发生的。它"只能是长年累月的教育过程的结果"*[22]。而最先完成这个教育任务的教派便是加尔文宗。加尔文宗的"天职"思想强调要为了荣耀上帝而不懈地、系统性地劳动，使哪怕是最卑微的人也充满了足以冲破传统主义束缚的内在动力。劳动头一次被"当作绝对的目的本身——'天职'来从事"†[23]。这一新的宗教伦理为雇主带来了"冷静、认真、工作能力强、坚信劳动乃神所喜的人生目的的劳动者"‡[24]，取代了无精打采、不负责任的劳动阶层。

因此，新教伦理不仅产生了资本主义精神，也产生了一种独特的"劳动精神"。按照韦伯的逻辑，我们会认为，一名加尔文教徒因救赎的不安而承受痛苦，通过替雇主卖力来证明自己获得了上帝的恩典。[25] 而这意味着，资本家从他的劳动中榨取的剩余价值越大，就越能证明他认真履行了他的"天职"。

因此，加尔文宗是一种非常特殊的教派，特殊在它善于赢得广大阶层与各种地位之人的人心与思想。韦伯提出

---

* 同前，第36页。
† 同前，第36页。
‡ 同前，第173页。略有改动。

过，一般情况下，社会分层体系对有组织的信仰存在选择性的影响，而加尔文宗却是不受这一影响的特例之一。韦伯在他的宗教社会学著作中通常使用的研究方法是说明信仰的内容与信徒的阶级或身份存在怎样的密切关联。农民、无产阶级、贵族和资产阶级有着不同的物质利益和生活经验，因此会对不同类型的宗教信息做出反应。如果去看韦伯关于宗教体系内部分层的著作，很容易把他误认为老派的马克思主义者。事实上，马克思本人要是能看到韦伯的某些论述，也许就会认为它们所持的是夸张式的唯物主义立场。例如，韦伯曾如此论述，为什么农民通常不容易接受"非巫术性"的宗教信仰：

> 农民的命运极其密切地与自然联系在一起，十分依赖有机的过程与自然现象，经济上则极少导向合理的体系化，以此之故，农民大致上只有在受到奴隶化或赤贫化——不管是由于本土（国库财政或领主）还是外来的（政治的）力量——的威胁下，才会成为宗教的担纲者。
>
> 只有在极罕见的情况下，农民才会成为非巫术性之宗教的担纲者。*[26]

---

* 康乐、简惠美译《宗教社会学 宗教与世界》，上海三联书店，2021年，第106、109页。

由于农民的生产生活在很大程度上受自然的各种要素和无法控制的力量摆布，因此他们更容易接受巫术性的信仰和迷信，而不是某种正式的宗教。这样的观点太唯物主义了。这可能是恩格斯晚年会写的东西。韦伯还用相同的方式解释了封建领主和贵族的宗教观：

> 军事贵族，特别是封建势力的，通常并不容易转变成一个理性的宗教伦理之担纲者。战士的生活态度，与一种慈悲的神意之思想，或者是一个超越性神祇之体系化伦理的要求，极少有内在亲和性可言。"原罪""救赎"及宗教性之"谦卑"等观念，在所有统治阶层，特别是军事贵族看来，不但过于遥远，而且简直有伤自尊。*[27]

这还没完。韦伯还告诉我们，"对宗教抱持怀疑或漠不关心，是（而且也一向是）广泛流传于大商人与金融家之间的态度。"†[28]另一方面，小商人和工匠"易于接受带有报应伦理之意味的一个理性世界观"‡[29]。官僚系统的官吏由于其工作活动的常规性和有序性，表现出"完全缺乏

---

* 　同前，第114页。
† 　同前，第125页。
‡ 　同前，第130页。

'救赎需求'的感觉，或任何超越性伦理基础的联系"[*][30]。

只要告诉我某个阶级阶层在劳动分工或生产过程中所处的位置，我就能知道该阶级阶层的成员所信奉的宗教信仰的一般性质——这就是韦伯在其宗教社会学研究中明确传达的信息。他有时候过分沉醉于这套有着浓重唯物主义色彩的方法，乃至会在无意中给我们带来一些喜剧效果。例如，他告诉我们，在室内工作的工人与在室外工作的工人很可能有着不同的宗教经验，"特别是当他们的工作主要是（在我们的气候条件下）在室内进行之时，例如纺织工业。这是这一工业会强烈地与教派的宗教结合在一起的缘故"。[†][31] 他没有继续探究这背后的原因，比如猜测这和缺氧有关，但他肯定会提出诸如此类的理由。

韦伯也用不那么过分的方式表达过，认为不同的社会群体在接受某些宗教教义时存在不同的倾向。例如，佛教一般不会对城市无产阶级产生大众层面的吸引力。对于一个由单一宗教主导的社会，韦伯也持此观点。不同的社会阶层往往会对该宗教的教义中最能与他们具体的生活环境和经验产生共鸣的教义作出反应。任何宗教都不具有普遍的吸引力，都会受到信徒的选择性解释和认可。

然而，出于某种原因，加尔文宗似乎是个例外。韦伯从来也没说过，资本家和工人各自对早期新教教义进行了

---

* 同前，第 121 页。
† 同前，第 131 页。

诠释。他不厌其烦地说明，这两个阶级是以同样的方式接受了加尔文宗的道德教义并将之付诸行动的。资本和劳工在人类中的代表以同样的热情赞同"天职"思想，就好像他们平等地受益于这思想产生的物质成果似的。在韦伯对加尔文宗的分析中，社会分层没有粗暴地掺和进来，而是神秘地缺席了。我们很少从一个典型劳动者的视角来看待这个宗教。因此，韦伯选择巴克斯特作为这种信仰的典型人物，就显得更加可疑了，因为他与体力劳动者的世界相距甚远。最能显示韦伯认为巴克斯特看待事物的方式可能更接近老板而非工人看待事物的方式的地方，是韦伯写的一个脚注；在这个脚注中，他揶揄说，在巴克斯特关于劳工问题的教诲中，"神的利益与雇主的利益在此奇妙地混同起来"*[32]。

韦伯认为加尔文宗的工人内化了"天职"思想，把劳动本身当作目的来完成，因此更加偏离了他通常的观点。他通常倾向于强调，工人的服从和顺从是因为有"工资这条鞭子"[33]的威胁，他认为奴隶主和资本家都一样，都在强迫他们的劳动力，奴隶主是用肉体手段强迫，资本家是用金钱手段强迫。他并没有提出，资本主义需要劳动者具备某种规范性的信念才能有效运作。如果在**成熟**的资本主义制度中，工人仍然要在"工资这条鞭子"的威胁下干

---

* 康乐、简惠美译《新教伦理与资本主义的精神》，第173—174页注5。

活,那就不太清楚,为什么在资本主义制度诞生之初需要更精细的方法了。

韦伯的观点是,工人只有在道德上发生转变,才能克服传统主义的惰性,催生对劳动和报酬更积极的态度。值得注意的是,他在讨论传统劳作时,举的例子是农业劳动者。如果给这个落后的灵魂增加工资,他的反应会是减少在黄土上花的时间,把更多的时间花在"黄汤"上。

但是,不用韦伯说我们也知道,资本主义精神并非诞生于乡村和牧场,而是诞生于城镇和工场。劳动力必须从农村转移到城市中心;而且,正如加尔布雷思所言,劳动力迁移的过程本身就是对传统主义的一种强有力的腐蚀。[34]从农村社区背井离乡,面对城市生活的需求和压力,人们在这个过程中艰难地学习适应现代的生活方式。对于初入工场的新人来说,他几乎不可能会有一份"不变的薪水",这只是一种田园牧歌式的美好愿望。换句话说,没有必要为了解释早期新教劳动力的行为,臆想出某种对劳动的快乐奉献,这种奉献是不可能发生的。没有丝毫的证据表明,广泛存在着某种新的劳动精神,和资本主义精神相辅相成。当然,有些工人可能真的把在血汗工厂的日常劳作视为"神所喜的人生目的"。但资本家自己为了让工人遵守和服从纪律毫不手软,这充分有力地说明,把工作当作目的本身,肯定不是普遍或典型的态度。马克思对维多利亚时期资本主义工场惩罚制度的生动描述表明,雇主并不怎么依赖工人的自愿服从来维持生产线的运转。即便韦伯可能认为，17世纪的工场情况与此大不相同，他也没有明说。

五

说到这里，我们应该牢记，这里对韦伯的强论点提出的批评，大多并非直指他对加尔文宗教义的解释是否正确。那是神学家的事。我们也完全没有必要质疑他关于加尔文教徒自己如何理解加尔文宗教义并付诸行动的论述。他们可能确实是像韦伯说的那样相信、那样做的。他们可能确实有救赎的不安，可能确实通过工作来寻求救赎，可能确实以金钱标准来衡量自己是否成功履行了"天职"，等等。即使韦伯在所有这些重要问题上都是正确的（这是个很大胆的假设），最耐人寻味的问题仍然没有答案：**为什么**加尔文教徒要这样理解他们的信仰，为什么他们不用其他的方法理解？

韦伯在阐述他的观点时提出，某种宗教戒律会激发一种可预测的社会行动。因此，加尔文教徒所采取的任何行动模式，都可以被证明是从加尔文宗牧师的教诲中顺理成章地推导出来的。从这个角度看，信徒在行动方式上似乎没有别的选择。理念确实具备支配行动的力量。

然而，我们前面已经提到，韦伯异常不愿意接受一个事实：无论是怎样的教义或戒律，能产生的行动方面的指导通常都不止一个。例如，他指出："预定论思想可能变成宿命论，如果与纯正的加尔文宗理性宗教倾向相反，以情绪与感情的方式来思量预定论的话。"*[35] 有趣的问题是，为什么加尔文教徒会拒绝"以感情的方式"思考，而采取另一种立场呢？就加尔文宗的教义而言，并没有任何强制性规定迫使真正的信徒走上一条不可避免的道路，排除所有其他可能性。

加尔文宗关于财富问题的教义也是如此，韦伯认为这是迈向理性资本主义的关键一步。巴克斯特等神职人员经常公然警告财富以及对财富的追求可能会腐蚀人的灵魂。韦伯是这样转述巴克斯特的话的：

> 财富本身非常危险，财富的诱惑永无止境，对财富的追求比起神之国度的无上重要，不仅毫无意义而且道德可疑。†[36]

韦伯意识到，从表面上看，这种情感似乎并不特别符合资本主义精神。不过，他请我们更仔细地研究加尔文宗关于这个问题的教义，以揭示其"真正"含义。对这些教义进行更细心的解读后会发现，加尔文教徒并没有"真

---

* 同前，第113页。
† 同前，第144页。

正"谴责追求和积累财富,尽管他们嘴上确实是这么说的。他们真正反对的是将财富用于享乐和轻浮的目的,财富本身并不邪恶;只有当财富被用来维系怠惰、炫耀和肉欲的生活时,它才会成为邪恶之物。[37]

也就是说,巴克斯特自己在财富问题上有着严格的要求,但韦伯认为追求财富在道德上却还是被允许的。即使是面对最严厉的教义,教徒也能从中找出蛛丝马迹,为自己的行动正名。他们富有想象力的解释使他们可以自由追求财富这种潜在的危险物,但不可以将它挥霍在自己身上。在韦伯看来,这导致了一个决定性的结论:

> 若我们再把上述那种消费的抑制与营利枷锁的解除合而观之,那么其外在的结果是相当了然的;亦即,通过禁欲的强制节约而导致资本形成阻止收入的消费使用,必然促使收入可作生产利用,亦即用来投资。*[38]

现代资本主义的诞生,得益于那些清心寡欲之人的行为。要得出这样的结论,就必须对这些多余的意外之财的其他可能用途视而不见。将财富重新投入生意之中,并不是使财富去除罪恶的唯一方式,更不是"不可避免"的方式。它可以分配给一贫如洗之人,可以交给教会,甚至可

---

* 同前,第167—168页。

以用来提高那些当初帮助创造了这些财富的人的工资。当然，对一个优秀的资本家来说，再投资是不可避免的行动；但对一个优秀的加尔文教徒来说，这绝对不是必须的。韦伯没有直接提到任何宗教教义特别主张信徒通过再投资来积累资本。宗教教义仅仅清晰、响亮地申明了财富**不能**用来做什么，对于该怎样处置财富，它没有给出什么积极的建议。对于成功的加尔文教徒来说，在这个问题上存在足够的模糊性，他们可以自己决定如何处置财富，只要不是肆意将其挥霍就行。如果像韦伯说的，绝大多数人的反应都是将财富投入到商业中，这就成了一个需要解释的事实。认为这种行为是完全"必然"、没有问题的，似乎等于是在说，典型的加尔文教徒本质上就已经是一个资本家了。而事实上，如果我们把韦伯对加尔文教徒思考方式的整个论述，理解成他是在回答这样一个问题——假如富兰克林是个加尔文教徒，会如何看待事物——那么这一整个论述就变得特别能说得通了。

六

韦伯在"加尔文宗"这个大的主题下提到的宗教教义，涵盖了一个多世纪以来发展起来的各种教义。他的早期新教理想类型，实际上是 17 世纪以巴克斯特等教士为代表的清教。韦伯指出，约翰·加尔文本人最初提出的教义对理性资本主义精神并不友好。然而，随着时间的推移，他的追随者调整和重新诠释了他的许多主要思想；许多大师的思想都是这样，常常会被后来的追随者擅自改动。那么问题就来了，考虑到加尔文宗的教义也可能从加尔文最初提出的起点沿着其他方向演变，那么为什么教义偏偏就演变成了后来实际的那个样子呢？我们可以称这个问题为"从加尔文宗到清教的转变问题"。对于这个问题，韦伯并没有给出答案。

这并不是说他没有意识到这个问题。毕竟他素来对信仰与社会结构之间的关系兴趣浓厚，不可能没有意识到这个问题。虽然他主要关注的是早期新教在经济领域引发的深远变化，但反过来的研究——研究经济领域对宗教信仰的影响——也是有必要的。因此，有必要"对基督新教的禁欲本身，在发展过程中及其特质上，是如何受到整个社会条件特别是经济条件的影响做出说明"*[39]。如果韦伯真的掉过头来进行了这样的研究，他就不得不澄清和开拓他自己的唯物主义，并且展示出它与马克思主义的唯物主义有何不同。这种澄清是非常必要的；尽管他瞧不上历史唯物主义，但他著作中的蛛丝马迹足以表明，他自己的最终立场与经过成熟发展、论述严谨的马克思式唯物主义立场不会有太大区别。

---

* 同前，第180—181页。

韦伯难以接受的唯物主义，是那种将加尔文宗与宗教改革视为阶级斗争和经济变革直接产物的唯物主义。这种观点认为，新兴资产阶级在某种意义上创造了一种符合其物质利益的新宗教观。照这个思路，就是新的阶级导致了加尔文宗和资本主义的出现；加尔文宗体现出的宗教戒律，刚好为资本主义本身的剥削行径提供了道德掩护。

韦伯自然非常清楚加尔文宗与新兴资产阶级之间存在紧密的关系。他说这个阶级是新教伦理的主要"担纲者"，就像马克思说这个阶级是新生产力的主要承载者一样。[40] 然而，认定某个阶级或阶层是某种宗教伦理的承载者，并不是说该阶级自己创造了这种伦理。在韦伯看来，宗教思想并不是由阶级利益或类似的物质力量催生的。一种伦理体系的产生和发展可能纯粹是出于教义上的迫切需要。各种异端和分裂一般是起自精英教士之间的学术争论，而不是大众私下的低语。高高在上居于观念世界中的人，更容易从旧文本中解读出新含义。他们的精神产品与世俗单调生活中的鸡毛蒜皮之间的联系往往是很微弱的。

不过，如果让韦伯来解释，他会进一步说，思想的产生与传播不能混为一谈。尽管专务精神世界的人可能会以崭新和夸张的方式揭示上帝的话语，但并不能保证他们的信息会被人们接受。许多弥赛亚出现了，又无声无息地沉寂了，还有一些则吸引了无数人的灵魂。正是在解释信仰何以被接纳、何以被拒绝这个问题上，社会和物质因素可以发挥恰当的作用。因此，尽管韦伯可能会认为，将宗教改革解释为阶级斗争的结果是荒谬的，但他可能并不会认为，宗教改革中出现的对立体系对不同社会阶层的吸引力存在系统性差异这件事是荒谬的。总体上，他的观点似乎可以类比成某种达尔文主义。也就是说，新的信仰体系可能像基因突变一样，它们的出现是不可预测的，它们的后续生存和发展取决于对环境的适应性。从信仰体系发展过程的另一端来看，则是由个体或群体来"选择"似乎最能满足其生存需要的观念体系。可以说，某一阶级或身份群体所处的社会环境只是促进了对某种宗教（或世俗）伦理的普遍倾向；从任何意义上说，都不是环境创造出了这种伦理。当然，某种普遍倾向有可能因为缺乏对应的宗教（或世俗）伦理而得不到满足；或者，反过来说，某种"现成的"信仰也可能找不到任何实际规模的受众。因此，观念与社会结构之间的关系存在着重要的偶然性要素。

若要将韦伯对这一关系的理解加以重新呈现，便是上文所说的这样。他的这种理解似乎比他看不上的唯物主义观点更有说服力。可韦伯批评的唯物主义观点太僵化和过时了，当然就很难令人信服。还有一种发展得更成熟的唯物主义，在他那个时代还没怎么流行开来，而这种唯物主义与他的几乎没有区别。这种更成熟的唯物主义承认，宗教观念与其他文化一样，能够享有相当程度的"相对自主性"，不受物质基础的迫切要求的影响。在高度抽象的意识形态领域，精神生活可以按照不受政治经济学直接管辖的规律展开。然而，当宗教和道德观念发挥作用时，就可以而且一般都会成为能将他物正当化的能动者。从这个角度看，可以说资产阶级并非制造了新教伦理，而是将这种伦理用作一种手段，为其世俗活动赢得道德上的背书。因而，加尔文宗的成功传播，可以归因于一个新近崛起的阶级的存在，其成员获得了超自然支持的保证，可以自在地做自身阶级天然想要去做的事。

这种看法显然更接近韦伯自己的观点。要想与这种观点保持距离，他就得坚决反驳加尔文宗的主要贡献是为一个已然服膺资本主义精神的阶级提供道德保护。如果资本主义精神是独立流传的，"携带"在一个新兴阶级的实践中，那么加尔文宗是这种精神之滥觞的论点就会受到严重打击。说新教伦理只是赋予了资本主义精神以正当性，与说它催生了资本主义精神，二者显然是截然不同的。

韦伯并未再写文章反驳这种更精密的唯物主义观点，如果他写了，就会遇到一些困难。这是因为他本人就经常提出一个观点：所有渴望光明正大地享有权利地位的社会群体始终都会试图从道德上为自己的行动辩护。在他关于支配的著作中，一个反复出现的主题就是，掌权者和所有竞争权力之人总是试图让自己和他人相信，他们的权力或对权力的主张具有道德属性。即使是专制统治者，也需要相信自己具有政治正当性。而且，韦伯经常将宗教视为非常适合实现这一目的的手段。他甚至在有的地方说，至少对某些群体而言，这是宗教唯一或主要的目的。他提出过一段直截了当的论述，足以显示他的宗教社会学研究的特点，这段话是这么说的：

> 在其他条件不变的情况下，享有优势社会与经济特权的阶层……赋予宗教的主要功能是将他们自己的生活态度及现世的处境"正当化"……享有优势特权的阶层所要求于宗教的，如果有的话，就是这种"正当性"。*[41]

即便是老到的唯物主义者，也几乎没有比这更有力的表达了。与唯物主义者一样，韦伯有时也将宗教视为用于控制和安抚的意识形态武器。他认为，欧洲的官僚阶级虽然本身相当不信宗教，但"为了达成驯化大众的目的，他们不得不给予教会的宗教更多表面上的尊重"†[42]。

考虑到韦伯本人如此强调宗教的正当化功能，他没有什么合适的立场去否认早期新教有这种作用。所以，加尔文宗及其分支在道德上为新兴资产阶级的唯物主义驱动力提供了方便的掩护，这个说法明显是符合韦伯的部分立场的。事实上，有充分的迹象表明韦伯不会想要否认这样的主张。在 1904 年访问美国期间，他目睹了一场施洗仪式，

---

* 康乐、简惠美译《宗教社会学 宗教与世界》，第 142 页。

† 同前，第 122 页。

似乎留下了深刻的印象。在一位新信徒受洗时,韦伯和他的一位亲戚进行了如下交流。首先说话的是韦伯的亲戚:

> "看看他,"他说,"我就跟你说嘛!"
>
> 仪式结束后,我问他:"你怎么料到他会来行浸礼?"
>
> 他回答说:"因为他想在芒特艾里开一家银行。"
>
> "那一带有那么多浸信会信徒足以让他维持生计吗?"
>
> "当然没有。不过,一旦他受了洗,他就会赢得一整个地区的顾客,把谁都打败。"*[43]

好,现在有这么一个年轻人的案例,他不需要了解资本主义精神,但确实需要新教教派成员的身份赋予他的道德印记。如韦伯所说,"成为教派的一员意味着人格的一纸伦理资格证明书,特别是商业上的资格证明"。†[44] 重要的是,韦伯似乎并不认为这场施洗事件,以及由此得出的结论,有任何不同寻常之处。虽然事情发生的时间、地点与早期新教的发源地、发源时间相去甚远,但韦伯从未提出,这位年轻浸信会信徒的动机和行动与 17 世纪的清教徒是不一样的。他的观点恰恰相反:

---

* 康乐、简惠美译《新教伦理与资本主义精神》,第 188 页;同时参考了高星璐、黄自勤译《韦伯传》,广西师范大学出版社,2023 年,第 597 页。

† 康乐、简惠美译《新教伦理与资本主义精神》,第 189 页。

> ……美国教派与类教派团体的现代机能，乃是一度遍布于所有禁欲教派与集会里的那些关系状态的延伸枝丫、遗绪与残余。*[45]

因此，他在20世纪初的美国目睹的仪式，可能只是在形式上与17世纪欧洲的类似仪式有所不同。言下之意，那些已经濡染资本主义精神的人也可能认为，加入巴克斯特的教派会是一种商业上的许可。知道自己在赚快钱的同时也在走正道，这对他们来说是多好的事啊！就算韦伯不同意早期新教是资本主义精神的主要"担纲者"的正当化手段，他也没有明确表示反对。[46] 但是，考虑到他的强论点，他肯定应该会这样反对——至少多少会澄清他的立场。

我们可以帮韦伯做个假设，假设他会写一篇关于社会结构如何影响宗教信仰的论文，对二者赋予不同的**权重**，澄清他对其间的因果关系与正当性这一棘手问题的看法。他不太可能会接受仅仅空洞地说，这些东西只是以完全互惠的方式相互作用。韦伯一直致力于确定社会行动的主要推动者；既然只有半吊子才会否认社会生活的复杂模式是许多不同因素和力量的产物，那么我们的任务就是确定这些不同的因素在因果上的优先地位。最缺乏想象力也最不

---

* 同前，第208页。

可能的解释就是认为所有相关的社会因素都对最终结果做出了同等程度的贡献。说新教伦理在同等程度上既催生了资本主义精神，也为其提供了正当化的掩护，这个结论肯定会惹韦伯生气。

如果是韦伯自己来研究这些众多的问题，他很可能会主动探讨"从加尔文宗到清教的转变"这个更一般性的问题。考虑到他在宗教社会学研究方面的标准思路，我们可以有把握地认为，他会试图指出早期新教教义与社会分层体系之间的联系。特别是，他可能会试图说明新教观念这种特定的演变与当时阶级结构的动荡存在多大程度的相关性。从这个角度看，就得将早期新教视为一种能够为社会行动提供多种备选方案的教义。正如韦伯认识到的，"不是一种宗教上的道德**教义**，而是能够得到**奖赏**的道德行为方式，才是关键所在"*[47]。既然如此，就有必要解释，为什么某些伦理行为模式被视为"奖赏"，有些却不被视为。以韦伯的思维方式，他自然会从阶级和身份群体的利益中寻找可能的线索。这样一来，他就不得不把注意力从巴克斯特的言论转向一个典型的加尔文宗资本家的所作所为——正是这样的一个资本家，在他的分析中奇怪地缺

---

* 阎克文译《新教教派与资本主义精神》。英译本中的这句话与康乐、简惠美译《新教伦理与资本主义精神》的对应译文出入较大，在此一并列出，以供读者比对："并非宗教的伦理学说，而是其伦理态度——借着其救赎财的种类与条件而使**激励**作用于这种伦理态度上——方为'这宗教的'特殊'风格'。"（第210页）

席了。从早期资本家的需求和偏好来看，韦伯可能会觉得被挑出来加以强调的那些伦理教义是可以预测的。此外，如果他从分层体系的另一端审视这个问题，很可能会重新考虑加尔文宗对新兴工人阶级的激励作用，而不只是提出"工资这条鞭子"的影响。

为了评估社会结构如何影响了加尔文宗信仰和实践的演变，韦伯必须从比较的角度进行研究。他需要说明，从加尔文宗到清教的转变与当时天主教教义的演变，是不是同步发生的。一般来说，韦伯把中世纪天主教当作了某种传统宗教的理想类型，然后将之与17世纪的清教进行对比。可是，中世纪以后，对天主教徒道德行为的"奖赏"也可能存在选择性的变化和偏重，韦伯却从未认真考虑过这种可能性。显然，一旦有人发现天主教内部也出现了将教义向对资本主义精神有利的方向解释的倾向，就会强劲地冲击韦伯的强论点和弱论点。对强论点的冲击在于，它将使人们对资本主义精神的起源只存在于新教伦理中这一说法产生新的怀疑。对弱论点的冲击则在于，它将削弱早期新教与资本主义精神具有独特的亲和性这一说法的可信度。无论如何，这一主张使得韦伯的一般程序出现了一系列其他问题。这些问题主要涉及他对世界诸宗教理想类型的建构，以及他对比较方法的使用。

七

韦伯的弱论点认为，加尔文宗真正的重要意义在于，它对理性经济观念的发展没有丝毫的阻碍。韦伯认为，世界上的其他伟大宗教都直接阻碍了资本主义精神的发展。中世纪天主教、印度教、佛教、儒教、伊斯兰教等其他宗教都充斥着巫术式的信仰和迷信，与所有理性的世界观或者系统性的世俗行为相抵牾。韦伯关于印度教的论述就很好地概括了他对世界诸宗教的总体看法。

> 阻碍的核心并不在于这类个别性的难题——这样的难题是任何世界大宗教体系都会，或似乎会以其各自的方式加之于现代经济的；关键所在毋宁是整个体系的"精神"。*[48]

在很大程度上，我们可以将韦伯对世界诸宗教的研究视为一种比较研究，以突出加尔文宗的独特性。加尔文宗是最彻底地摒弃巫术和迷信的宗教；它迫使信徒放弃通过圣礼、偶像和神职人员的干预来寻求慰藉的非理性做法，让他们在上帝的注视下独自面对世界。所有其他宗教都以其不同的方式鼓励人类适应这个世界，唯有加尔文宗鼓励

---

* 康乐、简惠美译《印度的宗教》，上海三联书店，2020年，第150页。

人类改造世界。直到它出现，才终于有了一种宗教，不会将经济理性的微妙精神扼杀于萌芽之中。资本主义精神似乎可以从许多不同的源头、在许多不同的地方产生，但它的命运通常都是与敌视它的宗教力量相冲突。在16世纪和17世纪的北欧，这些资本主义精神的敌对力量却是不存在的，这很不寻常。

韦伯在描述世界诸宗教时，设定了一系列理想类型。所有信仰体系，只有最突出的特征才被纳入总体的理想类型建构中。这就必然导致某些特征被突出，而某些特征则被排斥和贬低了。就加尔文宗而言，韦伯着重强调了那些可以说大体能与资本主义精神共存的教义，忽略了那些似乎与资本主义精神相抵牾的内容。可到了其他的主要宗教那里，韦伯却采取了相反的程序。印度教、儒教、犹太教等其他宗教中似乎与经济理性相当契合的内容，在其理想类型中被置于边缘地位，而与经济理性相悖的要素，则被置于中心地位。有一些研究这些宗教的权威学者就指出过，对于这些宗教，完全可以构建出与韦伯提出的优先级顺序相反的理想类型。例如，米尔顿·辛格就提出过，印度教有许多"现成的"教义支持理性的经济行为。[49] 马克西姆·罗丹松和布赖恩·特纳就伊斯兰教也分别提出过类似的看法。[50] 因此，"阻碍的核心"究竟是这些宗教的内在特性，还是韦伯理想类型的产物，至少是值得商榷的。此外，韦伯对加尔文宗的典型描述，也被一些权威学者宣布是严重歪曲。例如，维尔纳·松巴特认为，清教神职人员的教诲，包括巴克斯特的在内，主要侧重的是反对任何带有资本主义精神的东西。[51]

这里的问题并不在于谁的建构是对的，谁的是错的。问题在于，是否真的有可能建立一种不受其解释用途左右的理想类型。我们前面提到过，韦伯就完全意识到，这类建构必然带有道德色彩；若是选择标准的核心特征改变了，最终的建构也会相应改变。因此，任何理想类型都必然是围绕着从一开始就带入研究的预设建立起来的。韦伯不可能是本着某种完全的不可知论的精神开始研究世界诸宗教的。这些研究产生的理想类型，很难说是源自开明的好奇心。这或许也是好事：把自己淹没在材料海洋中的研究者，如果没有一套强大的初步直觉，是很难浮出水面的。

尽管如此，这并没有解答我们如何在同样可信但相互冲突的理想类型之间做选择的问题。对于如何评价他自己的与松巴特的加尔文宗理想类型之间的冲突，大师本人没有提供任何指导。这一点非常重要，因为如果我们接受了松巴特的，那么即使是韦伯的弱论点也会遭到严重的破坏。加尔文宗将被证明与资本主义精神没有特殊的亲和力。同样的道理，如果我们被那些把东方宗教"阻碍的核心"移除掉的建构说服了，那么加尔文宗对资本主义精神的宽容就没那么不同寻常了。更不要说，如果对等式的另一半——资本主义精神也加以考量，问题将会更加复杂。比如，只要我们接受的是马克思而不是韦伯对资本主义精神的典型化描述，那么我们就更难说，它与新教伦理有任何亲和力可言。

八

韦伯不遗余力地试图证明资本主义精神未能在东方正常发展，一个原因是要证明，在缺乏某种激发性驱动力的情况下，即使是最有前途的制度条件，也不会被用于理性的经济目的。只有同时具备质料和精神条件，也就是有结构性和规范性的支持，现代资本主义才能发展。韦伯在他的比较研究中强调，印度和中国等地是存在充足的质料的，资本主义是有发展机会的。

> 印度几个世纪来的城市发展，在一些重要方面也类似西方中古的发展。我们目前所用的作为一切"计算"之技术性基础的理性的数目制度，乃源自印度……印度人强调理性的科学（包括数学与文法）……印度的法律制度亦发展出许多有助于资本主义之成长的形式，其适合的程度并不会比我们中古欧洲的法律要来得逊色。商人阶层在制定相关法律时所拥有的自主权，至少也相当于我们中古时期的商人。

印度的手工业与职业的专业化亦有高度的发展。从资本主义发展之可能性的观点而言，印度各个阶层的营利欲是如此之强烈，似乎已没有多少可供改进的空间；另外，世界上似乎再也找不到一个像印度那样几乎没有反货殖的观念又如此重视财富的地方。然而，近代的资本主义却没能自发性地从印度茁长起来，不管是在英国人统治之前还是期间。*[52]

同样，中国等其他非西方文明似乎也不存在阻碍本土理性资本主义发展的结构性障碍。

> 这显然不是个中国人是否"没有自然禀赋"以适合资本主义要求的问题。但是，较之于西方，中国所拥有的各种外在有利于（近代）资本主义之成立的条件，并不足以创造出它来。就像（近代）资本主义并不始于古代的西方或东方、印度或伊斯兰教盛行的地方。虽然在这些地区里，各种不同而有利的环境似乎都有助于其兴起。†[53]

当然，韦伯并没有说，东方的一切制度方面的要素都有利于资本主义出现。也有不利于它的要素。但是，在

---

* 同前，第4—5页。
† 康乐、简惠美译《中国的宗教》，上海三联书店，2020年，第336页。

积极和消极条件之间的这种平衡，总体上偏向于积极的一方。这与西方的情况正相似。韦伯提醒我们，在欧洲，资本主义的兴起也面临着各种结构性障碍；而且，这些障碍在一些东方社会还并不存在。例如：

> 经常被认为是资本主义发展障碍的情况，并不存在于几千年来的中国：例如封建制的、庄园领主的（部分而言行会体系的）的枷锁，都不存在于中国。此外，相当严重的各种妨碍贸易的垄断——这是西方的特色——在中国也并不明显。*[54]

因此，韦伯强调，东西方在为资本主义做准备这方面，不能说有深远的差异。它们各自都拥有足够强大的制度和物质基础支持大规模的理性经济活动，尽管这些基础彼此不同。因此，新的资本主义体系只产生于西方这一事实，必须用某种仅存在于西方的、引起质变的额外之物来解释。这种额外之物就是资本主义精神。其他地方之所以没有资本主义精神，是因为这些地方都没有一套与新教伦理相当的信仰。

塔尔科特·帕森斯等人认为韦伯在研究这一问题时采用的是典型的比较研究。[55] 以结构因素为常量，就可以检

---

* 同前，第336—337页。

验宗教这个变量的独立影响。当然，这一方法是否有效，很大程度上取决于结构因素是否可以被视为常量。可正是在这个关键问题上，韦伯的矛盾最是令人抓狂。

在他的某些著作里，比如我们上文刚刚提到的，他主张东方文明与西方文明对资本主义的社会和制度支持是一样多的。可在他的另一些著作里，他又对这一论点提出了猛烈的反驳。《经济与社会》和《经济通史》中的许多章节都鲜明地对比了西方和东方的制度安排。[56] 在东方，城市几乎总是处于中央政权或军队的统治之下，永远无法获得中世纪晚期欧洲城市在法律和政治上所享有的自治权。因此，东方没有机会出现独立的市民阶级。在财产权方面，西方的城市土地始终被视为可转让的商品，而东方则很少有这种情况。公民权利和正式的个人自由也是如此：

> ……东方与古代世界在人的法律地位方面和中世纪西方的反差就是绝对的了。*[57]

在西方，法律和司法是按照理性的程序和非人格化的规则来实施的；而在印度，司法则是高度"非理性"的，它的实施，全看有地位、有权势之人的一时兴起与个人喜好。苏丹、纳瓦布、哈里发等人的"卡迪司法"

---

* 阎克文译《经济与社会》，第 1685—1686 页。

就是这样。

最重要的或许在于，唯有欧洲能以拥有根深蒂固的、保障落实契约与交换权利的法律和制度自许。韦伯说，理性经济秩序的蓬勃发展，绝对需要

> 一种毫不含糊地透明的法律制度，以摆脱无理性的行政专断，摆脱具体特权的无理性侵扰，由此为契约的法定约束力提供稳定的保障……*[58]

没有哪个东方社会能够为契约关系提供这种不可或缺的保障。而且不只是契约关系。在韦伯的研究范围内，东方的几乎所有制度在形式和功能上都与西方的完全不同。不仅是政治和法律安排，文化也一样。韦伯认为，西方的音乐、绘画和建筑与东方的截然不同，只有西方的音乐、绘画和建筑是建立在"理性"原则之上的。[59] 韦伯形容西方的任何事物都会随便地搬出"理性"这个词，而形容东方的宗教时则喜欢用"巫术"这个词。虽然他没有直接使用"亚洲专制主义"†这样的词，但他看待东方社会的方式与那些以西方中心主义的视角看待东方社会的人并无

---

* 同前，第1190页。
† 亦称为"东方专制主义"，历史上的部分西方学者用于描述东方的词汇，诸如黑格尔、马克思等人都曾不同程度地使用这个词概括和论述东方社会的政治状况。

两样。

按照韦伯本人的思路，如果东西方的城市结构、财产关系、法律行政制度、国家的政治职能以及其他很多方面都差异巨大，那么显然就不可能考察宗教这个变量的单独影响。结构性因素并不能被当成常量。韦伯认为，在西方出现的一整套彼此关联的制度是资本主义兴起的基本前提。这是资本主义的必要"质料"。由于印度、中国等西方以外的其他文明显然缺少这一质料，解释这些文明为何没有资本主义精神，也就成了无关紧要的事。即使这种精神通过宗教或其他途径出现了，也没有多少物质条件可以供它化腐朽为神奇。所有这些能得出的唯一切实结论是，资本主义迟迟未在东方登场，是由规范性和结构性的阻碍共同造成的。韦伯之所以把话说得晦涩难懂，部分原因也许在于，他呕心沥血，费了这么大的功夫，最后却得出了这样一个简单的结论，他不是很愿意接受，这也是可以理解的。

这个命题反过来说似乎也成立，即资本主义产生于西方，是因为精神和质料的偶然结合。然而，在西方，这种说法并不那么常见。这是因为资本主义并非起源于整个欧洲，而是就起源于那几个地方。因此，要检验这一命题是否成立，欧洲才是更合适的实验室。按照韦伯的说法，理性资本主义的制度性或者说质料性前提条件在欧洲的大部分地区都已经稳固地建立起来了。可是，资本主义精神却只有在推行禁欲的新教盛行的地方才出现了。换言之，在这种情况下，结构性条件可以被视为常量，宗教可以被视为变量。于是，宗教伦理的独立影响就可以得到恰当的评估了。在欧洲，凡是加尔文宗深深扎根的地方，我们就应该能看到理性资本主义的出现。如果有了这样的有利条件，资本主义还是没出现，那就说明韦伯的理论出了大问题。苏格兰的情况似乎就暗暗印证了这一点。

16世纪末，推行禁欲的新教在苏格兰已经站稳脚跟。苏格兰也有这么一批巴克斯特式的人物，对加尔文宗进行了改良；到了17世纪末，这支改良后的教派在苏格兰的地位之牢固，全欧洲几乎罕见其匹。然而，所有权威学者都认为，资本主义并没能在苏格兰独立发展起来。后来苏格兰出现的资本主义，很大程度上是英国的舶来品。

有一位叫戈登·马歇尔的英国学者想要挽救韦伯的理论，为此写了一本书，非常值得称赞。他认为，苏格兰明明有着充足的新教活力，但资本主义在当地却表现不佳，原因在于缺乏结构性的支持条件。[60] 他提到了各种阻碍因素，包括：落后的中世纪贸易结构、肆虐的战火、宗教问题引发的社会动荡、商业上的保护主义政策、本地市场规模有限，以及落后的农业技术。[61] 他的结论是：

> 苏格兰资本家并不缺乏"资本主义积累"的适当动机，但他们在一百多年里始终大志难酬，被落后的

> 国家经济结构拖了后腿，换句话说，是苏格兰的行动条件限制了他们的活动。在这种条件下，现代资本主义经济在苏格兰的发展相对缓慢，而这正是韦伯本人会预料到的。[62]

如果要以这种方式为韦伯声辩，我们就必须相信，支持资本主义的结构性条件在苏格兰异常脆弱。但是，该国的条件是否真的和它南边的那个国家有这么大的差别，这一点值得怀疑。在17世纪的英格兰，宗教引发的战争和社会动荡当然并不陌生。古老的农业手段和重商主义政策施加的贸易限制也绝非苏格兰独有。此外，资本主义精神理应能够改变的正是这些"传统"和落后的行事方式。传统主义观念本身并不能作为一个阻碍因素，因为这在资本主义出现之前是随处可见的。

我们还要记住的是，韦伯并没有说过，所有结构性条件必须全部就位，资本主义才有机会。只要有利因素和不利因素之间的平衡向前者倾斜即可。在这个问题上，苏格兰完全挑不出毛病。苏格兰拥有韦伯自己列举出的所有真正重要的资本主义制度支持：它拥有一套完全理性的法律和行政体系，城镇完全不受中央政权的控制，财产权以及契约和交易关系的权利得到了法律的充分保障和贯彻，个人的公民地位也得到了正式承认。不止在这些方面，在其他一些方面，苏格兰都可以说是韦伯定义下的理性国家理想类型。有了这一系列的强大优势，再加上恣意生长的加尔文宗，对于资本主义来说，很难有比这更好的开局了。然而资本主义并没有如人们期待的那样登场，这对韦伯的论点来说可不是什么好消息。

《新教伦理与资本主义精神》比韦伯的其他主要论著引发了更多的争议，当然也催生了更多的二手文献。前文已提到，这在很大程度上可能是因为这本书中到处都是模棱两可、含糊不清的内容，人们几乎可以随意地做出最为天马行空的解释。该书作者本人似乎认为，他只是在这本书里提出了一个临时性的观点，需要继续强调相应的结构和物质条件，补充规范性方面存在的问题，从而构成一项更全面的研究。可由于作者没有时间或意愿来完成这项任务，因此这部作品即使放在他的整个宗教社会学研究体系中也是异类，放在他的全部著作中则更不用说了。我们在后面的章节会阐明，韦伯在研究观念在社会行动中的作用时，通常的立场是将其牢牢置于政治权力和物质利益的矩阵之中。无论是神圣的还是世俗的信仰体系，都不是凭空出现的；只有与特定群体或阶层的"生活机会"具有"选择性亲和力"时，它们才会生根发芽。在这方面，宗教教义可以而且经常被用作一种正当化手段、一种道德伪装，掩盖赤裸裸的权力行径。当然，宗教只是正当性的一种可能来源，正当性本身还可以有多种形式。下一章，我们就来讨论与正当性、权力和支配相关的问题。

第三章

支配与正当性

一

> 就其最一般性的意义而言,"支配"乃是共同体行动中最重要的环节之一。的确,并非所有的共同体行动皆含有支配的结构。然而,在大部分种类的共同体行动中,支配仍然扮演着极为重要的角色,尽管乍见之下似乎并不明显……在共同体行动的任一领域里,毫无例外皆深受支配结构的影响。*[1]

这是贯穿韦伯全部政治社会学研究的主旋律。将社会及其次级构成维系在一起的,与其说是契约关系或道德共识,不如说是对权力的行使。和谐与秩序看似是主流,但使用武力的可能从未完全消失。天鹅绒手套的里面,总是藏着铁拳。对于韦伯的社会学来说,暴力、强制、武力等术语就像涂尔干的"道德的社会整合"等术语一样自然。

例如,在论述国家的性质时,韦伯采取了一种与主流观念相去甚远的立场。在他那个时代、他身处的环境,哲

---

* 康乐、简惠美译《支配社会学》,上海三联书店,2020年,第1—2页。

学博士将国家视为崇敬的对象,是人类至高、至善的创造之一。国家几乎是一个神秘的实体,居于社会之上的抽象精神层面,不受政党、阶级和利益集团肮脏斗争的影响。某种程度上,这种形而上的国家观,与当时的民族统一运动以及划定疆域、巩固领土的行为捆绑在了一起。它在与内外敌人的斗争中是一种极具吸引力的理论。对国家的忠诚、对国家观念本身的忠诚,可能被视为终极的政治志业,超越对一切地方特殊主义与私人利益的忠诚。

在这种近乎宗教式的国家崇拜的背景下,韦伯的国家概念简直就是异端。在他看来,国家最显著的特征就是可以成功垄断对暴力的正当使用。他认为,"不言而喻,暴力社会行动是绝对的初级阶段现象。"*[2]国家的不同之处仅在于它声称拥有对生活在其领土管辖范围内的所有人使用武力的唯一权利。

在韦伯的著作中,国家的概念与民族的概念截然不同。民族是一个文化共同体,由语言的强大纽带和母语传递的道德情感维系在一起。韦伯的民族概念实际上与涂尔干所谓的"社会"这一抽象概念非常相似。尽管民族和国家是两个完全不同的事物,但它们确实需要相互依存。民族需要成为国家,以捍卫文化共同体的边界不受邻国虎视眈眈的侵扰攻击。国家需要成为民族,以便为内部团结奠

---

* 阎克文译《经济与社会》,上海人民出版社,2020年,第1257页。

定基础。

韦伯强调国家的领土组成，这是他有别于马克思及其追随者的特点之一。当然，马克思也绝没有把国家描绘成温柔慈爱的统治工具。列宁更是不客气地给国家下了一个简单的定义——"武装队伍"，几乎毫不含糊地指出了国家的暴力特质。不过，在马克思主义理论中，国家主要被理解为对社会内部施行控制的机构；它涉及的暴力是一个阶级对另一个阶级发动的，是普遍剥削过程的一部分。人们若想改造社会，必须从内部夺取国家，以便施行和维系自己的阶级统治。相对而言，马克思主义理论较少关注利用国家权力来保护民族疆域不受外敌侵犯的问题。毕竟，马克思主义理论主张无产阶级没有祖国，保卫领土的观念在其中确实没有什么地位。

而韦伯是个热情的民族主义者，领土问题对他而言至关重要。他没怎么论述国家在阶级结构和剥削方面扮演的角色。他更关心的是德国东部边界的安全以及德国在国际事务中岌岌可危的地位。韦伯认为，所有强大的政治共同体天生都有一种想要扩张、想要对他人加强影响的冲动。究其原因，主要是统治者和军事领导可以通过积极扩张国家领土来提高威望、成就大业。

> 他们政治共同体的权力就意味着他们自身的权力，以及这种权力基础上的声望。对于官僚和军官来

说，权力的扩张就意味着更多的官职、更优厚的报酬和更大的升迁机会。*[3]

由于存在这种由社会决定的扩张领土的冲动，政治共同体总是对邻国构成潜在的威胁。在这样一个不友好的世界里，任何认为国家可能消亡的想法都是完全可笑的。韦伯非常坚持将现代国家定性为暴力工具，以至于否认可以根据目标和政策对国家进行有效的分类。

> 在社会学上来说，国家不能用它的活动内容来加以界定……归根究底，近代国家要在社会学上得到界定，唯有诉诸它——和任何其他政治共同体一样——特具的手段：直接的武力。†[4]

当然，这意味着无法对不同类型的国家——资本主义国家、社会主义国家、法西斯主义国家、市民国家、军事国家、极权主义国家等——进行真正有益的区分。由于它们都使用大致相同的暴力手段，政治上的设计和目的差异在某种程度上是次要的。独裁制和民主制，就像草莓味和香草味一样，没那么大差别。

---

* 同前，第 1265 页。
† 钱永祥等译《学术与政治》，上海三联书店，2019 年，第 204 页。略有改动。

有一个问题，韦伯认为没有必要提出：不同形式的国家在使用暴力的程度上是否存在系统性的差异？另一个他同样没有提出，但马克思主义理论很重视的问题是：国家在使用武力时是否具有选择性，对社会中的某些群体使用武力时是否比对其他群体下手更重？他也没有问：这些暴力是**用来**干什么的？韦伯在这个问题上仍然没有试图从行动者的角度来解释问题。生活在国家阴影下的人，一般都对政治领导的行为有着自己的坚定想法和感受。尽管韦伯高高在上地保证，国与国之间不过大同小异，可在那些古往今来饱受暴政之苦的人听来，他的观点可能并无太多说服力。

二

韦伯在一般性地论述支配时，又重新提起了上述这些问题，以及其他相关的问题。韦伯视支配为一种特殊的权力。它是一种比权力更精细、更严格的概念，因而对权力的行使并非全都属于支配。首先，支配有两种截然不同的对立类型。一种类型源于对市场经济资源的垄断性控制，另一种类型则依赖统治权威。市场支配是间接的支配，通过商品和资源的中介进行。以这种方式受到支配的人，在形式上可以按照其理性经济利益自由行事。而基于权威的支配是直接支配那些有"义务"服从支配的人。没有人会出于某种义务感服从资本家或银行家,但每个人都可能会出于义务感服从家长或君主;对后一种支配的服从无关理性的自身利益。[5]

韦伯只关注第二种支配类型。也就是说,"在我们的概念里,**支配**即等同于**命令权力**"*,不包括由市场这只看不见的手行使的那种支配。[6] 而且,只是发出命令还不够;命令必须被服从后,我们才说它是真正的支配。就社会学而言,被忽视的命令一定是不被视为支配的。换句话说,服从或者遵守(命令)就包含在支配的定义本身之中。

要注意到,在韦伯的定义下,支配是一种不仅能引发服从而且能引发心甘情愿的服从的命令结构,这一点很重要。支配意味着命令得到遵守,"被支配者就像只是为了命令本身的缘故而把命令的内容当作自己行动的准则"†。[7] 若是对这一点有任何疑问,韦伯还明确指出,下属积极效命于其服从的权威,是支配的主要特征。

> 单只是命令在事实上被遵守这一表面现象,并不足以凸显我们所说的支配;我们绝不能忽视命令被视为一种"妥当的"规范而得到接受所代表的意义。‡[8]

---

* 康乐、简惠美译《支配社会学》,第8页;阎克文译《经济与社会》此处为:"支配就是威权主义的命令权。"(第1309页)
† 康乐、简惠美译《支配社会学》,第8页。略有改动。
‡ 同前,第9页。略有改动。

第三章 支配与正当性

出于恐惧或纯粹的权宜之计而服从是不足以构成支配的,将命令当作规范予以支持才是绝对的关键。因此,在韦伯看来,"支配"就是"正当性权威"的另一种说法。

这一切的结果是,韦伯对支配的分类,将更依赖强制而非自愿服从的权威结构排除在了支配的范围之外。鉴于韦伯一再强调,武力与暴力在人类事务中无处不在,这一点着实令人感到意外。如果对支配的分析仅限于权威性的命令结构,在这种结构中,弱者容易在对命令的服从中与命令构成合谋关系,那么研究的范围必然就是有限的。韦伯比大多数人更清楚,政治制度史并不是按时间顺序把下位者对上位者表现出的情感记录下来就行了。他似乎认为,政权是无法仅靠强制存在的,任何权威体系的长期存续,都多少需要来自下层的道德支持。事实上,他确实说过,"任何支配的持续运作"都始终需要成功地主张自身的正当性。[9] 未能确立这种主张的政权注定会被扫进历史的垃圾堆。

由此可以进而认为,所有权威结构都要依靠各种手段(包括正当化手段)来保持自身的完整。在典型的情况下,它们会不同程度地综合运用人身强制、道德说服、物质引诱等手段。韦伯当然认识到,除了在道德上精心重新武装自己之外,还需要更多的手段;胡萝卜和大棒在此都有充足的用武之地。于是,顺理成章地,韦伯可能就应该根据社会控制的这些不同要素的各种组合或混合方式,对权威体系进行分类。也就是说,可以根据主要的控制手段是强制性的、规范性的还是工具性的来对政权分类。这样就可以恰当地区分出主要依靠使用武力或以武力为威胁的权威体系，和主要依靠道德说服的权威体系。依此分类，则只有接近后一种模式的体系才可算作"正当性权威"的例子。因此，正当性权威可以被视为一个程度问题，而不是一个要么有、要么没有的问题。所有的权威体系可能都会努力争取正当性权威，但并非所有的体系都能取得同等程度的成功。有些体系即便理想中不想诉诸武力，也仍然不得不使用粗暴的手段。

韦伯不愿将正当性权威视为一种随制度不同而存在很大差异的产品，这与他拒绝根据政治目的和实践对国家进行分类的立场是非常一致的。很可能，他之所以将支配定义为正当性权威，只是把规范性手段视为社会控制的主要手段，而非唯一手段。即便如此，这仍然无法有效回应一种反对意见：凭什么特别残暴而不是特别能激发情感的政权和权威结构在支配的分类中没有一席之地？由于古往今来的大多数权威体系，在规范性控制和人身强制之间，可能都倾向于人身强制，因此韦伯这个理论的普遍适用性就大大降低了。

还有一个问题是韦伯未曾充分考虑的。这个问题涉及对规范的遵守和正当性的实际获取方式。某个从属群体或阶级会把掌权者的命令当作"妥当的规范"来接受，可能是因为他们真的认为这个掌权者值得服从，或者是因为他们支持这个掌权者追求的目标。民众对政权的这种支持，有时会出现在革命刚结束后百废待兴的乐观时期。对规范的遵守是自发的，不是人为导致的。不过，即便是完全没有权力，也可能产生这种服从。受压迫的社会群体有时会怀有上位者比自身更好、更卓越的观念，以此来让自己接受位居下流的困境。因此，在某些情况下，政权的强制手段可以让立场不一的分裂人群效忠自己。韦伯没有区分源于自愿效命的规范性服从和基于长期生存考虑的服从。马克思及其追随者就强制与服从之间的关系提出的问题，被韦伯完全划在了对支配的研究方法之外。这种方法没有给"霸权"等概念留下位置。如果从属群体将上位者的命令视为"妥当"规范加以接受，那么上位者的支配就是正当的，问题到这里就结束了。至于这个过程是如何产生的、为什么会产生，韦伯认为不值得细究。

当然，韦伯充分认识到了，从属者服从命令，可能并不是出于对掌权者在道德上的尊重或者对制度的忠诚，而是另有原因：

> 一个人或一个团体对掌权者的忠诚，可能因投机心理或物质利益的动机而伪装出来。人们也可能因个人的软弱或无助，在别无选择的情况下臣服。*[10]

---

* 康乐等译《经济与历史 支配的类型》，上海三联书店，2021年，第297页。

然而，他紧接着就说，"可是以上这些考虑在分类支配的类型时，并不是决定性的。重要的是下列事实：在某些情况下，支配者对正当性的坚持达到某种显著的程度，同时这些坚持，根据它的支配类型，是'妥当的'"。[*][11]支配的形式或类型之所以不同，只是因为支配者对其支配的正当性提出了不同的要求。

这些正当性诉求大致分为三种类型：**传统型、卡理斯玛型**和**法理型**。韦伯将其称为"支配的三种心理根据"或者说"支配正当化的根据"。[12] **传统型支配**依赖于诉诸习俗和古老传统的神圣性。这是由家长、部落长老等行使的支配类型。**卡理斯玛型支配**则依靠英雄人物个人的卡理斯玛，这种人拥有恩典之赐。先知、圣人和革命领袖就是典型的例子。**法理型支配**依靠的是正式颁布的规定与法令带来的规矩的影响力。这类支配的典型例子是官僚制。因此，韦伯的三种支配类型是要求服从的三种不同根据。

支配类型	要求服从的根据
传统型	服从我，因为我们的人民一直都是这么做的
卡理斯玛型	服从我，因为我能改变你的生活
法理型	服从我，因为我是你们依法任命的上级

韦伯说，所有居于权威地位的人，都会编造关于自身

---

* 同前。

优越性和天生适合支配的神话。这些神话或心理根据对于他们的自我肯定和政治上的规范性而言是必要的。各种正当化手段是以权威说话的人的道德语言。不过，要注意区分正当化（legitimation）与正当性（legitimacy）。正当化是占支配地位的群体关于自身的主张——他们自然希望其他所有人都接受这些主张；而正当性则是指这些正当化主张确实被从属群体接受和认可了的状况——也就是说，主张自己应该被服从的群体提出的依据，被期望服从的人认为是妥当的而加以接受了。正当化是上层发起的，正当性则是下层赋予的。

韦伯本可以在提出他的三种正当化类型的同时，对这三种类型是否被人们接受的问题保持开放的态度。如果他想要对它们进行一番比较，他可能会问：在现实中，传统型权威、卡理斯玛型权威和法理型权威分别提出的正当化主张获得大众认可的程度是否存在差异？卡理斯玛型领袖的正当化主张是否比官僚制下的官员的主张更容易被接受？不同阶层的民众对三种不同的正当化神话的接受程度是否不同？然而，韦伯并没有提出这样的问题，而是认为所有的人都普遍认可这三种类型的正当化。这三种不同类型的"支配地位的正当化"（dominant legitimation）因而蜕变成了三种不同类型的"正当的支配地位"（legitimate domination）。韦伯似乎直接默认，马克思的论断是正确的：任何社会的主流思想都是统治阶级的思想。由于掌权者总是能将自身的观念注入主流社会生活，获得正当性从来都不是什么大问题。

如果韦伯视正当性的授予为一种相当不确定、不稳定的事情，他就可以用几种方式扩大他的分析范围。例如，他可以考虑一些罕见的情况：统治阶级未能在人民心目中树立道德威信，或者一开始被授予的正当性后来又被收回了。换言之，他本可以在概念上承认通常被诊断为"正当化危机"的情况。如果他活得足够久，亲身经历过刚刚成立、长期不稳定的魏玛共和国，或许他就会这样做。但他在这方面只说过，阶级和身份秩序相对稳定、未受干扰的政权最容易被赋予正当性，而一旦"人人都能公然明确地看出"*[13]剥削时，这种正当性又有可能会被收回。在韦伯的构想中，不存在非正当性支配这个类别，尽管他清楚地认识到这在经验上是可能的。

如果他将注意力从正当化的宣传转向正当性的授予，他就不得不把焦点从精英的认识移到大众的认识上。这样一来，他就会发现，自己有必要对服从进行社会学研究，以补充他对命令的社会学研究。有时，他似乎是打算着手这项工作的。在他的演讲《政治作为一种志业》当中，他

---

* 作者在这里只引用了整句话中的一小部分表述，因而无法完全参考现成译本的对应译文。韦伯原本的完整表述是："一旦阶级状况划分判然，而且每人都可看出它乃是决定自己个人之命运的力量时，高度特权团体的神话——即每人的命运都是'自业自得'——即会遭到劣势特权者最激烈的攻击。"见康乐、简惠美译《支配社会学》，第20页。

提出了一个引人深思的问题:"在什么情况之下人们会服从?为什么他们要服从?"*[14] 在他的其他著作里,他针对这个问题简要阐述了一些答案:

> ……从发布命令到命令确实被遵从,其间的因果链是极为多样的。从心理学角度来说,命令对被统治者产生的效果,或者是通过移情,或者是通过灵感,或者是被理性论证说服,或者是通过某人对另一人兼有这三种主要类型的影响而达到的。†[15]

在此,我们确定了三种大致的服从类型:移情、灵感和易受理性论证影响。如果韦伯选择了这一思路,他或许会试图证明,这三种支配类型与三种服从类型之间可能存在相当程度的对称性。按照理想类型的模式来说就是,传统型支配可以引起"移情"式的服从,卡理斯玛型支配能引起"灵感"式的服从,而法理型或者说官僚制支配会引起"理性"式的服从。由于服从的特征在很大程度上取决于权威和命令特征,因此可以预见两者之间存在某种程度的亲和性。这就提出了一个问题:理想类型会不会出现偏差,导致与某个特定类型的支配共存的是某个"并不合适的"类型的服从?[16]

---

* 钱永祥等译《学术与政治》,第78页。略有改动。
† 阎克文译《经济与社会》,第1310页。

尽管按照这些思路提出的问题可能会凸显出所有权威结构中存在的一些问题，但这些问题并不就因此能导向一种关于支配的全面论述。因为韦伯提出的三种服从类型就是他的三种支配类型的镜像，仍然局限于正当性权威这个狭窄的范畴。移情、灵感和易受理性论证影响，这三种服从类型只是让从属群体认为命令在道德上站得住脚的不同根据。受限于这一既定的狭窄框架，关于"在什么情况之下人们会服从？为什么他们要服从？"这一问题的其他答案就没有被加以考虑。不过韦伯还是暗示了可能存在其他答案。

> 在具体的个案里，命令之被执行，其动机可以是被支配者对命令之正当性的确信，可以是一种义务感，可以是来自恐惧，或者是"不假思索的习惯"，或者是企图为自己牟取利益。*[17]

这里，韦伯只以三言两语就为服从描绘出了一种更宽泛、更有用的分类。人们服从命令，一是出于道德上的意愿（"正当"和"义务"），二是出于纯粹的冷漠或者想不出其他行动方案（"不假思索的习惯"），三是出于对受到惩罚的恐惧，四是出于纯粹的权宜之计或者为自身利益打

---

* 康乐、简惠美译《支配社会学》，第9页。

算。遗憾的是,韦伯没有展开这个话题。一旦展开了,他就能以自下而上的视角而非仅仅以自上而下的视角,为权威体系提出一种分类,从而就可以构建非正当性支配的理想类型,完善他的分析。最起码,他也会因此被迫修改和巩固关于掌权者实际在多大程度上享有正当性权威的论点。只要更仔细琢磨一下他的那三种支配类型,这一切就都会变得更明白一些。

三

传统型支配。传统型支配的最重要形式是家长制及其各种蘖枝。韦伯说,家长制起源于一家之主对其家庭的权威。家长行使权力不受法律约束,也没有正式规则妨碍他。真正能约束他对家庭成员的权力的是对神圣习俗的尊重。任何一家之主,若是屡屡突破传统界限,都有可能丧失其正当性。对家长制下的君主的服从,不是基于对既定规范和成文程序的遵守,而是基于不加质疑的个人忠诚,这尤其体现在"恭顺"的概念上。

韦伯提出,在家长制下,一旦君主扩大他的支配领域,试图按照管理家庭单位的方式来管理这个领域,这种支配就会面临某种危机。家长制的支配者通常会将监督广大领地的责任交给自己的直系亲属。而这些人总是倾向于将自己对君主的义务和责任规范化、法典化,并明确规定自己的特权和权利。君主通常会抗拒此类举动，因为任何规范的规则都会削弱他任凭己意、专断独行的纯粹权力。家长愿意遵从习俗，但不愿意遵守法律。虽然说家长制支配的特点是仆臣自愿服从君主，但从韦伯自己的叙述中可以清楚地看出，这种主仆关系充满了紧张。统治者和被统治者陷于一场微妙的权力斗争之中，双方都想维系或扩大自己的施展空间，同时表面上又必须遵守传统。

家产制支配被韦伯视为传统型支配的最常见形式，实际上是家长制的一种延伸。它的正当性基础仍然是从属者对君主的"忠诚和恭顺"。家产制统治者与其政治上的臣民之间的关系，和他们与其家庭成员之间的关系是一样的。虽然在理论上，他们对其臣属拥有绝对的命令权，但在实际中，他们也受到习俗和传统的制约。韦伯有时认为，家产制统治者生来就尊重传统，认为传统是神圣的，他们的行为也就受到神圣传统的影响和限制；有时却又认为，他们自我约束的动机是谨慎。这类动机的一个例子是，君主认识到他"对个别依附者的无上权力，与其面对全体依附者时的软弱无力，是并肩而存的"*[18]。如果家产制统治者滥用权力，违反了习俗，就有可能在名义上忠诚于他的臣民间引发集体的愤怒。传统型支配以不加质疑的服从为基础，而这种服从似乎在很大程度上取决于统治者

---

* 《支配社会学》，第 101 页。略有改动。

的善行。韦伯确实经常指出，家产制统治者在很大程度上依赖于其臣属的爱戴。一旦失去爱戴，他的统治就到头了。只要下属能在君主的政权下获得足够的利益和满足感，就不会发生这种情况。因此，家产制统治者必须让臣民分享自己的掠夺物、税收和战利品，以确保他们能尝到甜头。韦伯提出的仆臣在道德或规范上对君主的忠诚，实际上似乎带有相当程度的计算性的自利色彩。

随着家产制领主的领土管辖范围不断扩张，领主与其依附者和家臣之间的关系也变得越来越紧张。统治者以征服等方式扩大自己的政治权力之后，需要将责任交由他选择的家臣代理。于是，行政机关出现了，它无形地侵蚀了领主的特权。当这些机关渐成规模之后，就需要更多的税收来养活。建立行政机关本是为了征税，而现在征上来的税却有越来越多的部分进了机关官员自己的腰包。

韦伯指出，家产制下的官员制度与官僚制存在某些相似之处，特别是在职能分工和命令层级方面。[19]但更为明显的还是二者的区别。首先，家产制下的行政机关不明确区分私人领域和官方领域。统治者通过个人命令和广泛的独断权力治理他的政治领土。他的官员只负责忠实执行他的命令。在这种制度下，不存在理性官僚制的法令措施和规范程序。官僚制的官僚效忠的是规则，不是统治者。此外，家产制下的官员通常实际拥有他的职俸。他可以把自己的职位卖给他人，或者传给他的继承人，就像处置私人财产一样。而且,行政能力或技术能力并不是担任官员的重要条件,对统治者的忠诚才是最重要的。在这种制度安排下,执法是有些无度的。

> 这里通行的不是官僚制的公正性和不看人下菜的、以对所有人一体适用的客观法则的抽象效力为基础的行政理想,而是相反的原则,实际上一切都要明显依赖个人考虑:依赖对待具体申请人及其具体要求的态度,依赖纯粹的私人联系、偏好、承诺与特权。*[20]

韦伯不仅对比了家产制与官僚制,还对比了它与传统型支配的另一个重要分支:封建制。封建制与家产制的不同之处在于,封君与封臣之间的关系是一种自由契约关系。封臣向君主宣誓效忠,而不是单纯地依附于他。此外,"封建的主从关系并不会降低封臣的荣誉与身份;相反的,它反而可以提高其荣誉"[21]。封臣将自己的命运系于君主的命运之上,与之俱荣俱损。最重要的是,封臣对其辖下臣民与附庸的正当性主张,直接来自封君的正当性。

封君与封臣的关系是一种互惠的契约关系,这意味着

---

* 阎克文译《经济与社会》,第 1429 页。略有改动。
† 康乐、简惠美译《支配社会学》,第 200 页。

封建制下的权利和义务远比家产制下的权利和义务更规范化。韦伯甚至提出，在封建制当中，有着后来由宪政国家发展起来的"三权分立"的原始雏形。*[22] 二者的关键区别在于，封建权力始终寓于具体的人身上，而不是源于职位。个人没有法律规定的规范权利，只有君主老爷恩赐的特权。

值得注意的是，韦伯关于家长制、家产制和封建制等传统型支配的论述，主要涉及的是统治者与其臣民和官员之间的关系。这些人，包括受俸的圣职者、骑士、贵族等，他们对自己的大量臣属行使着相当大的权力。韦伯没有谈论家产制领主或封建制领主与普通民众之间的关系，甚至也没有谈论这些领主的左右手与民众之间的关系。在他的分析中，根本没有农民的身影，可整个家产制的大厦正是建立在农民的劳动之上。读者只能自己琢磨，面对君主老爷提出的重赋与劳役，一介农奴对他还能有多忠诚。

韦伯可能是认为，传统社会的政治凝聚力主要取决于社会顶层各群体之间的良好关系。这么想不无道理。只要马背上的人自己相互不闹翻，安抚劳动人民就不算什么难事。韦伯确实说过："被统治者——至少是**在社会上具有重要地位的各个阶层**——某种最低限度的同意，才是任

---

* 同前，第 220 页。

何支配能够持续下去的先决条件。"*[23]这确实表明，社会上那些不重要阶层的感受在很大程度上不那么具有决定性影响。当然，历史记录中几乎没有任何迹象表明，家产制或者封建制权威曾因群众的不满或饥荒引发的暴动乃至偶尔发生的农民起义而陷入严重的混乱。由于传统社会的统治精英始终垄断着暴力手段，即使承担生产重担的大多数人不认为依靠他们生产的剩余产品来生活的少数人具备正当性，这种秩序也能维系下去。

韦伯认为，传统社会中的支配和正当性只与最上层的群体有关，因此可以不考虑精英与大众之间的关系，这种想法可能是正确的。但他要是能明确指出这一点就好了。他关于封建制和家产制的论述具有误导性，会让人们以为正当性支配是贯穿整个社会而非仅仅上层社会的大原则。这和他在宗教社会学研究中采取的立场是不一样的，他并不打算探讨这样一个问题：某个群体接受其统治者的正当性主张的意愿，与该群体在固化的分层体系中的地位，这两者之间是否存在"选择性亲和力"？

四

卡理斯玛型支配。韦伯将卡理斯玛型支配与传统型支

---

* 阎克文译《经济与社会》，第1894页。强调为作者所加。

配、法理型支配（官僚制）相提并论。虽然家产制和官僚制在大多数方面都不尽相同，但它们有一个重要的共同点：都是能适应普通日常生活的正式、恒常的结构。至少在这方面，官僚制可以被视为传统权威的理性对应物。*[24] 然而，以卡理斯玛为基础的支配与前述两种类型的支配完全不同，缺乏一切规范的既定组织。卡理斯玛型不依赖等级制度、支薪雇员、技术管理或任何形式的程序规则。官僚制和家产制的行政机关需要靠金钱收入来维持，而卡理斯玛型则拒绝一切有计划的、理性的生财之道，认为这有损品格。卡理斯玛型领袖及其拥趸赖以为继的是赠礼、自愿供奉或战利品，而不是日常的经济活动。所有其他类型的支配与政治统治都对这种有上顿没下顿的生活避之不及，卡理斯玛型领导却正是靠这个生存壮大的。

卡理斯玛型领袖的权威完全取决于他能否让追随者和信徒相信他的超凡力量。他必须创造奇迹，成就英雄事迹，不断向追随者证明，自己有着神圣的使命。他与官僚不同，不能依靠职位保障；他与家长不同，不能以神圣习俗为掩护。他必须时刻准备好以令人敬畏的行动来展示自己的天资，否则信徒就有可能不再信仰他。他

---

* 康乐、简惠美译《支配社会学》，第264页。本书作者这里疑似出现了笔误，韦伯在该处论述的是家长制而非家产制与官僚制结构在"恒常性"方面的相似性。

就像现代社会的运动健将一样，其表现永远要接受崇拜者的检阅。屡次的失败会让他的追随者看清他的真面目，因而迅速离他而去。

因此，卡理斯玛型与韦伯提出的其他两种正当性支配类型截然不同。甚至有人认为，卡理斯玛型的正当性是正当性的唯一纯粹类型。卡理斯玛型领袖对其追随者和信徒没有任何影响力，他们是自愿信仰他的。当追随者和信徒不再相信他时，他的权威马上就没了。检验真正正当性的试金石是，当领导者无权惩罚顽抗者时，下属是否愿意服从领导者的命令。如果领导者最终是依靠人身或物质制裁来维系自己的权威的，那么下属服从他的动机，可能就不是直接相信他的领导具备正当性这么简单。例如，在传统型支配的情况下，家产制君主的臣民完全清楚，如果他们拒绝服从君主的命令，君主很可能会使用相当强硬的手段奉劝他们三思而后行。法理型支配也是如此。韦伯认为，在这种支配类型下，被支配者服从的不是具体的人，而是被视为具有道德约束力的规则。人们之所以遵守法律，是因为他们认为这些法律是"立得住的"。不过，要弄清楚人们在多大程度上只是因为认为这些法律具备正当性所以遵守它们，这并不容易；毕竟人人都知道，任何违法行为都可能招致身穿蓝色制服的人登门造访。

韦伯没有区分受害怕惩罚的心理影响的正当性与不受这种心理影响的正当性。他关于源自卡理斯玛的正当性的

第三章 支配与正当性

论述,突出了将其他类型的支配视为可以与卡理斯玛型支配相提并论的正当性权威这个做法的缺陷。只有卡理斯玛型领袖必须依靠追随者纯粹自愿的服从,他们可以随心所欲地拒绝他的命令,不会招致任何严重的报复。家产制下的君主与官僚制下的官僚肯定也想这样,因为这样的话,民众服从他们发出的命令,就是出于对他们个人或职位的爱戴、敬仰和尊重了。他们要是能知道自己在民众心目中的正当性是如此稳固,因而根本不用任何的威胁诓骗,岂不是再好不过?但就事实情况而言,他们很聪明,没有过分依赖自愿服从。相比之下,卡理斯玛型支配的正当性完全依赖对领袖的信任,而信任是无法强迫的。在其他所有支配形式下,被统治者之所以服从统治者的命令,都是因为他们知道不服从可能引发的后果。

卡理斯玛型领导不使用强制手段,这一事实意味着,卡理斯玛型领导与传统型领导以及官僚制不同,无法成为稳定的政治统治体系的基础。卡理斯玛诞生的那一刻,就是它开始走向衰落的那一刻。韦伯指出,动荡不安、群情激昂的年代需要卡理斯玛的天资,但这种天资并不适合管理琐碎的事务。有卡理斯玛的人喜欢危机,却对付不了所有社会秩序都必须关注的致富和消费等日常需求。国家的日常事务无法靠领袖的灵感与奇迹来处理,任何恒常性的政权若想让公民服从它的统治,只依赖他们对伟人的信仰是不够的。但是,若试图将卡理斯玛常规化、驯化,用于日常目的，则又只会导致卡理斯玛的消散。原因在于，卡理斯玛是一种天资，蕴藏在世不二出的超凡个人身上，无法保存和传承。一位卡理斯玛型领导去世时，会出现永远无法妥善解决的继任危机。继任者上位后，一切就都变了。因此，卡理斯玛就像烈火，霎时间虽能光芒万丈，却终将人死灯灭。卡理斯玛型支配结束之后，权威要么恢复到更传统的模式，要么开始具备官僚制的特征。

韦伯明确指出，在这一切中并不存在任何清晰可见的演进模式。社会并不是按照传统型—卡理斯玛型—法理型的顺序发展的。在不同的历史时期，这三种支配方式会以各种组合出现。[25] 不过，一旦官僚制彻底扎根，卡理斯玛对社会秩序的影响就会逐渐减弱。韦伯认为，卡理斯玛对所有既存秩序都具有强大的破坏力，它是"历史的特殊'创造性的'、革命性的力量"*[26]。传统社会尤其容易受到卡理斯玛的冲击。对于还沉浸在正统的风俗习惯之中的人而言，突然崛起的卡理斯玛人物会对他们的旧秩序形成摧枯拉朽之势。

虽然韦伯一般并不赞同"伟人"历史理论，但将个人的卡理斯玛与革命力量等同起来，似乎确实为历史剧中的独特个人赋予了极为光彩夺目的角色。不过，他也补充说，官僚制机构也可以是革命性的，它们往往以其规模和

---

* 康乐、简惠美译《支配社会学》，第 276 页。

方式改变着家产制社会和其他传统社会。这两种革命性力量的区别在于，官僚制是从"外部"进行变革，而卡理斯玛则是从"内部"施展魔力。[27] 也就是说，官僚制改变的是社会和经济制度，而卡理斯玛引发的是自我的改变。那些中了卡理斯玛魔咒的人会被重新塑造成全新的人。

奉行法理型支配的社会也许不那么容易受到卡理斯玛的干扰，但也绝非能免疫其影响。在所有社会秩序中，始终都存在足够多的苦难、郁结的愤怒或天大的焦虑，这些因素能让拥有简单解决方案的领导者赢得追随者。韦伯有时候会把卡理斯玛视为一种能超越官僚制生活之沉闷束缚的力量。卡理斯玛有一双翅膀，可以飞过监牢的栅栏。还有时候，他又觉得卡理斯玛型的煽动者不是官僚制的对手。例如，在喧闹吵嚷的政党政治中，"唯有非比寻常的条件，才能帮卡理斯玛胜过经营"*[28]。在通常情况下，官僚制的政党机器会确保迅速有效地"将卡理斯玛去势"[29]。

那种在官僚制下或传统的环境中会推动卡理斯玛爆发的"非比寻常的条件"是无法提前确定的。韦伯没有详细说明，怎样的条件才可以诞生一位弥赛亚或者阿亚图拉，因此有人认为他没有"革命理论"。[30] 这话说得没错，但不在韦伯的重点上。卡理斯玛之所以引人注目，在于它完

---

* 康乐、简惠美译《支配社会学》，第306页。这句引文中的"经营"指的是对政党的经营。

全不可预测。它可以在最意想不到的时间和地点爆发。像这样变幻莫测的力量引发的事件，难以一概而论。无论如何，没有革命理论并不意味着就是什么污点，尤其是考虑到像这样的"理论"大多数都是事后诸葛。革命理论家特别善于预测过去。激励人心的领袖应运而生，这通常被认为是革命的必要因素，而偶然和意外在其中起着重要的作用，故而卡理斯玛的这种不可预测性似乎意味着很难在一般意义上阐明导致革命的原因，哪怕说得很模糊。

前文已经提到，韦伯认为，随着官僚制理性的出现，卡理斯玛的革命潜力将大打折扣。"随着制度性的持续组织之发展，卡理斯玛则节节后退，这是卡理斯玛的命运。"*[31] 卡理斯玛也许会在某个理性组织中小规模地爆发，或者在官僚机构的夹缝中蓬勃发展，但不太可能颠覆整个社会。在一个完全理性和世俗化的社会中，卡理斯玛型先知的吸引力或许仅限于追求认同、热衷于心灵之旅的贵公子。韦伯若是看到现代资产阶级的年轻男女们被胖乎乎的东方神秘主义者迷得神魂颠倒，大约并不会感到惊讶；可能让他感到意外和震惊的是，某个卡理斯玛型领袖在自己家门口就能轻而易举地彻底变革整个社会，利用社会的理性结构实现极端非理性的目的。韦伯逝世后才十几年，卡理斯玛就向世界证明了它的魔力仍未减退。

---

* 康乐、简惠美译《支配社会学》，第 307 页。

五

法理型支配。这种支配的典型形式是官僚制。韦伯说："在现代国家，实际的统治者必然且不可避免地就是官僚系统。"[32] 在所有其他支配类型下，权力都落在人的手上，如家长、领主、弥赛亚和革命领袖。只有在官僚制下，权力才寓于规则之中；官僚制是法律的系统，不是人的系统。官僚制支配的特点是精心安排的公正性。官僚制下的官员行事不带偏见、不凭激情，同样的规则对所有人都适用，无论他们在社会等级和处境上有着何等差异。而且，官僚并非统治的根源所系。现代国家的官员与传统领袖或卡理斯玛型领袖不同，他们本身服务于一个更高级的政治权威，通常是为民选政府及其各部部长办事。因此，自愿服从是优秀官僚的必要属性。

问题是，官僚并不总是照章办事。他们有一种可以理解的人性倾向，就是为自己争取与积蓄权力，谋求私利。他们并非把自己当作忠实的公仆，而是想自己当家做主。怎样才能通过民选代表确保国家官僚系统坚守应尽的职责？这个问题让韦伯非常头疼。若论履行行政职责的能力，公务员制度或许令人激赏，但它不能也不应该被委以重大政策的决策任务——这是议会和政客的事情。优

---

* 阎克文译《经济与社会》，第 1876 页。

秀的政客长于雄辩,而官僚不仅不擅此道,且有责任不参与政党纷争。虽然高级官僚向其部长提出建议,甚至陈述建议的理由,都是正确、恰当的行为,但他有义务接受部长的决定,且在贯彻执行时,要把它视为发乎己心的信念。[33]

韦伯认为,与民选政客相比,官僚系统有一个明显的优势,那就是它对信息手段拥有精心严密的掌控。所有官僚系统都有自己的独家秘密档案,这是他们得心应手的武器。以前和现在一样,"官僚系统最精湛的权力手段就是把公务信息变成保密材料"*[34]。通过对证据的精心操纵和对事实的选择性陈述,官僚可以打着行政公正的幌子,对政策指手画脚,或者施加强力影响。政府部长随时都有可能沦为辖下部门公仆的提线木偶。

重要的是,韦伯认为官僚系统的这种行为是完全应该谴责的。他曾痛斥德国公务员与议会打交道时的傲慢态度,这清楚表明,他将官僚系统染指政治视为滥用权力的表现。官僚系统试图篡夺政府的权力。这让他对正当性支配的分类产生了一些问题。如果官僚系统严格按照法理性权威的规则行事,它就必然得将自己置于上级机构的从属地位。严格说,官僚始终都是仆,不是主。可如果是这样,我们就很难理解,为什么官僚制应被视为一种"支

---

*　同前,第 1907 页。有改动。

配"。以传统领导或卡理斯玛型领导作为支配权威是说得通的,因为没有人有权告诉他们该做什么。可对于官僚系统来说,始终都应由别人来告诉它该做什么。倘若官僚系统试图有所支配,它就是在篡夺自己名义上的上级机构的权力;也就是说,它对权力的使用是不具正当性的。因此,从韦伯本人的论述就能推知,官僚机构实在算不上什么"正当支配"的典范。如果它的行为是正当的,它就不是支配者;如果它有所支配,它就不再正当了。

支配,无论是什么形式或实质的支配,当然只是权力的更一般现象的一个方面。在韦伯的政治社会学研究中,权力的某些其他表现形式也得到了应有的重视。其中最主要的是在生产关系和身份等级中出现的权力关系。下一章我们来专门探讨一下社会分层体系的有关方面。

第四章

阶级、身份和政党

一

韦伯在其关于社会分层的简短而著名的论文中指出了三种"共同体内的权力分配现象":阶级、身份群体和政党。[1]其中每一种都代表了权力的一个不同方面,因为每一种都构成了要求物质和象征性回报的不同基础。韦伯说,权力的这三个层面或现象在分层秩序中彼此存在某种明确的关系。但归根结底,韦伯更关注的是阶级和身份之间的关系,而不是二者各自与政党之间的联系。事实证明,政党在很大程度上是个异数。

对于这一初步分类,首先要注意的是有什么是它没有涵盖在内的。在可能被列为权力分配现象的各种事物中,国家和官僚系统的缺席最惹人注意。考虑到韦伯的政治社会学研究一般都很重视这两者,这一点令人相当意外。前文已有显现,国家和官僚系统常常被韦伯视作权力斗争中的重量级角色。他说现代国家就是在一个领土共同体内成功垄断使用武力的机构,这显然说的是行使权力的最极端情况。同样,官僚系统也被他普遍地视为潜在或实际权力的巨大来源,与拥有经济手段和资源所产生的权力截然不同。平心而论，韦伯并没有说阶级、身份群体和政党是社会中唯一的权力现象；但他将这些现象单列出来，确实表明他认为它们具有非同一般的重要性。我们现在就来逐一考察它们。

在讨论社会阶级时，韦伯借鉴了马克思的观点，将私有财产的作用放在了特别重要的位置。在他的所有著作中，他始终认为，财产或生产性财富会给其拥有者带来许多好处和特权，而必须依靠出卖劳动力的人则会在争夺资源的斗争中受到严重阻碍。因此，"'财产'和'无财产'就是所有阶级状况的基本范畴"。[2] 韦伯当然不认同古典自由主义关于资本与劳动之间利益自然和谐的学说。它们之间的关系不是互惠互利的关系，而是资本占绝对优势的极度不平等的关系。

> 劳动者可以任意和任何雇主缔结任何内容的劳动契约，此种形式的权利对找寻劳动机会者而言，实际上并不表示他在决定劳动条件的问题上具有最起码的自由，也不保证他能对此发挥什么影响力。这毋宁是意味着，至少主要有这样的可能性：市场的较强势者，此时通常是雇主一方，可以依照自己的判断来决定劳动条件，然后听任寻求劳动者接受或拒绝，并且，当他所提供的劳动对寻求劳动者而言比平常更具经济上的紧迫性时，他就更能强要他们接受这些

条件。*[3]

因此，契约自由就是财产所有者剥削劳动者的自由。韦伯说过，是"工资这条鞭子"让工人服从命令的，这显然不是亚当·斯密及其后世追随者的语言。对韦伯和马克思来说，有产阶级和无产阶级之间的关系本质上是相互冲突的，这是资本主义结构的一部分。然而韦伯与马克思的不同之处是，他似乎并不认为这种状况是有药可救或者有损道德的。围绕资源分配产生的冲突是所有社会类型的自然特征；想象一个和谐平等的地上乌托邦，不过是痴人说梦。财产只是在人与人之间制造分裂与不和的根源之一，即便废除了私有财产，也还是会有其他事物取代它来危害人与人之间关系。

韦伯关于阶级关系建立在财产关系之上的论断，乍一看似乎与他的某些其他主张相矛盾。例如，他否认劳动者不拥有生产资料这个事实有任何特别之处。官僚不拥有管理手段，军人不拥有破坏手段。没有正式的财产权，并不妨碍对世俗物品的垄断和控制。你可以在不拥有任何东西的情况下变得富得流油、有钱有势。韦伯关于官僚系统的那篇论文很容易被解读为对私有财产是一切社会、经济和政治权力根源这一主张的反驳。当然，那篇论文的主要目

---

* 康乐、简惠美译《法律社会学 非正当性的支配》，第 144 页。同时参考阎克文译《经济与社会》（第 1052 页）对个别字词做了改动。

的之一是为了表明,凭着寄于职位之中的权威,任职之人就可以行使权力、控制人和事物。"无财产"似乎并不会严重影响韦伯笔下典型官僚的生活机会。

既然官僚系统可以在没有所有权的情况下处置资源分配,韦伯又为什么会如此轻易地同意马克思关于阶级关系与财产关系紧密相连的观点呢?简单回答的话似乎是,他并不认为官僚系统类似于社会阶级。社会阶级只是在两个相关条件——财产所有权和在市场上出售劳动力——的作用下产生的。如果分配制度的基础不是私有财产和市场力量,社会阶级就不可能存在。"用我们的术语来说,产生了'阶级'的那个因素显然就是经济利益,而且实际上,仅仅是那些与市场的存在相关的利益。"* 因此:

> 那些并非借助市场机遇利用货物或服务以决定自身命运的群体和集体,比如奴隶,从阶级一词的技术意义上说,就不是一个阶级。毋宁说,他们是个身份群体。†[4]

因此,韦伯认为,迄今为止所有存在的社会的历史,都不是阶级斗争的历史。除社会阶级外,其他群体之间的斗争也同样激烈。奴隶制和官僚制是支配的不同形式,

---

* 阎克文译《经济与社会》,第 1287 页。
† 同前。结合本书作者的表述做了略微的改动。

而这两种支配形式与一个阶级支配另一个阶级的必要条件——市场力量和契约关系能否自由发挥影响——关系不大。这一论点似乎暗含一个意思：社会主义国家在废除私有财产和市场之后，必须被视为无阶级社会。托洛茨基认为，苏维埃式的官僚系统尽管享有巨大的权力和特权，但它们并不是支配阶级或剥削阶级，韦伯大概也会赞同这一观点。事实上，韦伯可能会比托洛茨基更乐于为这一主张辩护，因为种种迹象都表明，他认为社会主义下的官僚制支配远比资本主义下的单纯阶级支配要恶劣得多。无阶级社会对韦伯来说不是梦想，而是噩梦。[5]

如果在给社会阶级下定义时，将其与市场的状况紧密关联起来，那么若我们想要说明一个阶级和另一个阶级的界限究竟在哪里，就会出现问题。现代劳动分工所产生的市场状况显然是多样的。出卖自身劳动力的人可能以不同的方式处于有利地位或不利地位。一些群体可以凭借自己的特殊技能或纸面上的资质要求相应的酬劳，一些群体则可以凭借自己占据着生产过程中的关键地位，拥有讨价还价的能力。市场就是一个舞台，所有的职业群体在其中构成间接的相互竞争。蛋糕就那么大，而每个人都想尽可能分到一块大的；有人分到的多，就意味着有人分到的少。这些活动勾勒出的模式或情景，是一个分裂成无数种分工和分支的社会，而不是一个分成支配阶级和从属阶级的社会。

韦伯宣称，阶级是由市场机会和生活机会大体相似的各种群体组成的，但并没有明确的方法确定名义上的界限，能将不同等级的报酬相互区分，所以也就无法回答，实际有多少阶级存在。因此，可以理解的是，许多遵循韦伯传统的理论学者选择了一种无阶级的分层体系模式，并完全抛弃了阶级支配和阶级服从的概念，采用一种笼统的社会不平等概念。

尽管韦伯本人更喜欢使用阶级这个词汇，但他从未提出过清晰、系统的阶级模型。在他的宏观社会研究和比较研究中，他经常用到马克思常用的阶级分类：贵族、农民、资产阶级、无产阶级。但在分析资本主义社会时，他从未完全阐明区分资产阶级和无产阶级的规范标准。对马克思来说，这个问题相当简单明了：资产阶级是由其对生产资料的所有权定义的，无产阶级则是由其对出卖劳动力的需求定义的。因此，资本和劳动这两大阶级被视为资本主义制度的规范属性，而不是由具有某些共同社会特征的不同群体组成的两个复合体。

韦伯可能会拒绝这种整齐划一的表述，指出在马克思的构想中，"劳动"是一个包罗万象的范畴，包含了太多不同的就业状况，因此不能称劳动者为一个阶级。他言外之意是说，如果要把劳动者视为一个阶级，它就会是一个看起来很怪异的无产阶级，这个阶级队伍中将包括律师和煤矿工、医生和清道夫、经理和卡车司机。马克思提出无财产是工人阶级的基本决定因素，韦伯对这一主张只是嘴上认同，紧接着就提出了出卖劳动力的大众之间的市场分化与冲突这一主题思想，从而动摇了马克思的主张。市场中的分层实际上消解了无产者的阶级属性。

尽管韦伯实际上已经放弃了将资本和劳动作为定义两种阶级的区分要素，但他从未提出一个替代模式。也就是说，他没有提出任何可以确定支配或剥削阶级与从属或被剥削阶级之间的"界限"的原则。他描绘的，是一场霍布斯式的"一切人反对一切人"的战争，每个群体都在市场的无政府状态中为自己而战。当然，这可能比任何简单的、二分法式的阶级模式——无论是马克思主义的还是其他类型的模式——更接近真实情况。不乏社会学家愿意争辩说，现代资本主义社会太复杂，无法用一种具普鲁士色彩的阶级模式来概括，"社会分化"才是更实用、更合适的概念。但事实上，韦伯本人更倾向于使用"阶级"和"阶级矛盾"这样的道德词汇，尽管他本人并没有为"界限问题"提供任何答案。

韦伯关于分层的论述淡化了财产所有权的重要性，这一论述还有另一个特点：他总体上认为分配制度比生产制度更重要。大多数马克思主义者认为，这种优先顺序的差异才是他们自己与韦伯在方法论上的真正关键区别。马克思主义的标准看法是，生产方式是整个社会制度的支配要素。它直接或间接地为包括分配制度在内的所有其他主要社会活动和形式打上了自己的烙印。因此，马克思主义者认为韦伯犯了严重错误，指出他的注意力被引向了现实的错误层面。他关注的仅仅是表象世界，即社会不平等和分配模式，而不是事物的真正本质，即生产关系体系。简而言之，马克思主义者指责韦伯只关心社会影响或后果，不关心产生这些影响和后果的根本原因。

韦伯并不太认同"生产方式总是会按照自身形象创造社会不平等结构"的说法。任何特定类型的生产体系都可以与各种不同的分层体系并存。马克思认为，"手推磨产生的是封建主为首的社会，蒸汽磨产生的是工业资本家为首的社会。"[6] 韦伯对此的反驳是，蒸汽磨既可能产生社会主义社会，也可能产生资本主义社会。而且，"手推磨曾存在于所有我们可以想象得到的经济体经济结构与任何的政治'上层结构'里"*。历史上常见的家产制"可与自给自足式的经济、市场经济、小市民农业与庄园农业共存，资本主义经济之存在与否，对其亦无关紧要"†[7]。生产方式对于社会形成绝不具有决定性乃至最终的影响。

用手推磨和蒸汽磨来谈论生产制度是一种相当陈旧的研究手段，早已过时。然而即使是在更宽泛的意义上说，韦伯的论点也仍然具有说服力。例如，如果将社会主义生产方式视为一种以财产集体化和中央计划取代自由市场的

---

* 《支配社会学》，第235页。
† 同前。

第四章 阶级、身份和政党

生产方式，那么在这一基础上就会产生截然不同的政治和社会安排。"文革"时期的中国与苏联有着不同的分层。阿尔巴尼亚和波兰、朝鲜和古巴、柬埔寨和南斯拉夫，它们在奖励和惩罚制度上的差异，足以让人严重怀疑可以根据生产方式"解读出"分配模式的观点。

就资本主义生产方式而言，情况更是如此，这主要是因为相互竞争的利益集团通常有更大的政治回旋余地，可以动员起来追求自己的目标。韦伯非常重视这样一个事实，即相互冲突的利益集团并不一定是阶级形式。同样重要的是那些因"共同体"身份意识（无论是种族、宗教、语言还是其他）而产生的集体。他对社会中基于这些种族和文化的分化而产生的社会形成，有着比马克思更敏锐的认识。不同群体之间的社会不平等和冲突，不能轻易归咎于资本主义的生产方式。无论过去还是现在，无论生产方式是怎样的，它们在每一种已知的社会类型中都是普遍存在的。

在韦伯的表述中，造成种族分层的因素在很大程度上是历史偶然性的结果。社会甲因宗教而分化，社会乙因种族而分化，社会丙因语言而分化，这些原因在每个特定情况下无疑都是可以理解的。但若要从历史角度说明这些事情是如何发生的，并不要求借助某种宏大的"理论"。韦伯显然对任何此类一般理论能否应对这种多样性和复杂性持怀疑态度。历史唯物主义内含的原始思想当然也不能胜任这一任务。

韦伯看待问题的方式，似乎意味着他颠倒了马克思及其追随者提出的因果顺序。他不是将生产方式视为决定社会其他部分的构成，而是将其视为一种更具适应性的角色。他可以证明，生产方式能够适应既有的社会安排，而不是按照自己的结构对其进行改造。例如，资本主义生产方式似乎能够很灵活地适应种族和共同体的裂痕；它并不那么积极，而是受到既有的社会分层形式影响。[8] 照此思路，韦伯便可以指出，从历史上来看，资本主义生产方式并未显著消除现代工业国家的种族和其他部落分歧。

二

共同体划分是身份群体最重要的例子之一，也是韦伯关于权力分配的三种现象中的第二种。他在讨论身份或社会荣誉时指出，这种象征性奖励的分配并不总是与物质奖励的分配相对应。从长远来看，身份特权往往与私人财富相伴而生，这仅仅是因为追求高尚的生活方式会不断耗费钱财。但在任何时候，一个社会群体的物质身份与其在尊卑等级中的身份之间往往会存在一些差距。贫穷的婆罗门和落魄的贵族可以满怀信心地期望得到比自己更富裕的人的尊重，而新富之人则通常被有教养和血统的家族看不起。此外，即使在财富和社会荣誉大致相当的情况下，它们二者之间的关系也并不总是不变的因果关系。有时，社会荣誉源于物质财富；有时，社会荣誉更像是获得物质财富的跳板。

在资本主义制度下，阶级地位和身份地位的脱节尤其容易发生。这是因为资本主义市场关系受纯粹的非个人因素支配。正如韦伯所说，市场"不知荣誉为何物"。

> 身份秩序则意味着恰恰相反：按照身份群体本身特有的荣誉和生活方式分层。如果单纯的经济获取和赤裸裸的经济权力使身份秩序不断蒙受这样一种耻辱，即，非身份出身也能给予赢得这种出身的任何人以同样的甚或更大的荣誉，作为他们有权要求的既得利益，那么身份秩序就会从根本上受到威胁。*[9]

韦伯倾向于将身份群体视为相当具有斗争性的构成。在这一点上，他的著作与他的许多后辈的著作有些不一致。后者通常认为，身份群体几乎只关心荣誉和声望这些无形的东西；因此，他们与公开追求物质目的的社会阶层形成了鲜明对比。从这个角度看，工会被认为是阶级组织，因为它们致力于谋生目标，而专业协会被认为是身份组织，因为它们会优先考虑维护其成员在社会心目中的良

---

* 阎克文译《经济与社会》，第 1297 页。

好声誉。因此，阶级和身份团体不仅在社会基础方面存在差异，在其所追求的目标类型方面也存在差异。[10]

在韦伯的著作中，并不能为这种观点找到多少支持的依据。他认为，身份群体是动员其成员进行各种物质和象征性竞争斗争的集体。也就是说，他们的行为方式与社会阶级或基于社会阶级的组织并无太大区别。"出于种种实际的目的，身份的分层总是会伴之以我们所熟知的那种典型方式的垄断：对观念、实物或机会的垄断。"*[11]事实上，韦伯偶尔也会暗示，在这方面，它们有时可能比社会阶级更有效。阶级的问题在于，它们的异质性和内部分裂性太强，无法在任何时间内形成一股合力。实际上存在着某种不可能让某个社会阶级扮演社会行动者的因素。而身份群体通常是道德群体。他们更有可能强烈地认同自己的共同身份，以及将他们与其他人区分开来的社会界限，尤其是在存在种族、宗教或民族因素的情况下。因此，他们更容易被动员起来实现集体目标。[12]

韦伯在分层理论中引入身份和身份群体的概念，旨在矫正纯粹的阶级分析。其作用尤其在于质疑马克思的阶级极化论。该理论认为，随着资本主义危机的加剧，历史上的两大阶级各自将变得越来越同质化。资产阶级和无产阶级之间的中间地带在政治上将变得越来越狭窄，他们最终

---

* 同前，第 1295 页。

将作为两个武装阵营相互对抗。韦伯的分析提出了一种不同的结果。每个主要阶级内部的身份集团都会阻止任何朝着内部团结一致方向发展的举动。随着劳动分工越来越复杂,阶级的异质性会越来越强,而不是越来越弱。与往常一样,韦伯的目光指向的是市场和身份秩序中趋于消解阶级团结的因素。鉴于这些腐蚀性力量的影响不可逆转,他认为发生大规模阶级对抗的可能性微乎其微。

阻碍阶级统一的身份群体形式有两种不同类型,尽管韦伯是把它们放在一起研究的。有产生于社会阶级内部的身份群体,也有跨社会阶级的身份群体。产生于社会阶级内部的身份群体一般植根于劳动分工或财产制度。马克思偶尔会提到这类群体。例如,马克思指出,在资产阶级内部,金融资本家和工业资本家是有区别的,他们的切身利益往往可能互不相容。马克思还对比过在资产阶级体系下层从事生产劳动与非生产劳动的两种白领群体的地位。最后,他还区分了社会底层的工人阶级和流氓无产阶级。韦伯也经常提到这类身份群体,例如,他比较过资产阶级中的食利者与企业家。

跨阶级的身份群体则截然不同,不是劳动分工或生产制度的产物。在这类身份群体中,最重要的是前面提到的共同体群体,它们在包括现代资本主义与社会主义社会在内的大多数社会中都有着重要的地位。马克思对这些身份群体的关注要少得多,因为他相信,资本主义的野蛮发展会将这些古老的遗存一扫而空。然而事实证明，生命力很持久的恰恰是这些身份群体，不是无产阶级和资产阶级内部的身份群体，后面这些身份群体随着时间的推移已经被削弱了。和韦伯当初想的差不多，劳动分工的不断变化和市场的动荡破坏了职业体系的传统身份秩序。而跨阶级界限的共同体身份则相反，没有显示出这种削弱的迹象。它们依赖的情感和身份认同与变动不居的劳动分工关系不大，且它们对纯粹的阶级形成和行动的阻碍可能会因此而变得更显著。

韦伯指出，具有种族根源的身份群体，其社会荣誉感来源在很大程度上独立于规范的尊卑结构。在整个社会范围内，身份秩序始终是一个等级制度，每个群体在其中都有自己的位置。在这种受到正式认可的秩序安排下，遭到社会鄙夷的群体对自身的评价不太可能高于社会其他群体。因此，身份低下的人往往会接受更高身份之人对他们的尊重。

韦伯认为，种族身份并不符合这种模式。每个种族的共同体群体都倾向于构建自己独特的"种族荣誉感"，这种荣誉感不受外人的诋毁。因此，一个共同体内的不同种族群体并不会被系统地划分到一个所有人都接受的身份等级秩序中。每个群体都会有意识地维护和培养自己的道德价值感和尊严感，都会产生其他所有群体都不如自己的认识。因此，韦伯认为种族荣誉是一种"特殊的群众荣誉"，因为它能给所有的族群成员带来自尊，无论这个人在劳动分工和基于劳动分工的正式身份秩序中是多么卑微。[13]

韦伯有时认为，身份群体是相对于以阶级为导向的行动的另一种集体行动的行动者。是采取身份群体行动，还是采取阶级行动，这样的选择在某种程度上总是取决于行动所追求的目标的性质，不过，时代的条件和氛围也会发挥一定的影响。若社会处于动荡之中，需要采取的行动策略便有异于社会较安宁的时候。

> 一俟货物的获取和分配基础达到相对稳定的状态，这时就会有利于身份分层。任何工艺技术的冲击和经济变革都会威胁到身份的分层，并进而把阶级状况推到前台。单纯的阶级状况占据了主导地位的时代和国家，通常就是处在了技术与经济变革的时期，而只要延误了经济分层的机遇，迟早还会导致身份结构的发展，并且有利于恢复社会荣誉的重要作用。*[14]

从历史来看，韦伯这一主张的合理性似乎相当有限。19世纪和20世纪初的阶级矛盾无疑是尖锐的，足以让大多数其他社会问题黯然失色。这一时期的阶级行动不仅旨在更公正地分配物品和机会，也意图将无财产的大众纳入

---

* 阎克文译《经济与社会》，第1299页。

公民社会。当阶级之间的冲突是以社会政治变革这样的大事为焦点时，所有身份群体的要求就都可能变得微不足道了。但是，一旦阶级冲突变得更温和、更日常，那么不唯阶级，身份群体也会有更多的施展空间。在现代资本主义社会，阶级和身份的冲突似乎可以愉快地共存。例如，在1980年代的经济萧条期，阶级行动如韦伯预言的那样到来了，英国的矿工们发动了旷日持久、汹涌澎湃的大罢工。然而，这些工业冲突如火如荼的同时，种族群体尤其是黑人群体也爆发出持续的诉求呼声。由此可见，围绕阶级和身份群体的问题并非单纯随着经济环境的变化而此起彼伏。

身份群体是如何像阶级组织一样调动权力的，对于这个问题，韦伯在论述封闭的社会关系时给予了非常清楚的揭示。[15] 韦伯所谓的封闭社会关系，是指各种群体试图将获得奖励和特权的机会限制在有限的范围内，以改善自身命运的过程。为了这一目的，他们将自己所拥有的某些社会或身体特征挑选出来，将其定义为资格标准。韦伯说，几乎任何可以识别和排斥"外人"的特征，都可用于这一目的。"在个别情况下，究竟选择何种特征并不重要，最容易想到的就最容易被选用。"*[16] 因此，排外性地将社会

---

* 顾忠华、康乐、简惠美译《社会学的基本概念 经济行动与社会团体》，上海三联书店，2020 年，第 361 页；同时参考阎克文译《经济与社会》第 561 页的对应译文做了改动。

关系封闭起来,是有身份的群体采取的一种行动,为的是以牺牲其他群体为代价,为自己争取某些资源和优势。当被排斥的人自己也设法封闭其他群体获得多余回报的渠道时,阶层或次阶层的数量就会成倍增加——种姓制度就是一个极端的例子。

最有效、最彻底的社会关系封闭形式,是那些采用血统和世袭制的封闭形式,所有传统社会的支配群体通常都采用这种制度。与之相对的,在现代工业社会中,社会关系的封闭不是通过家族血统实现,而是通过考试、测验等手段来实现。韦伯认为,教育制度是一种特别精良的工具,可以用来把守和掌控进入有影响力的圈子的门槛。纸面上的资格和证书几乎与血统、肤色或宗教一样有效,都是确保把肥水留给少数被选中之人的手段。所以:

> 当我们听到各方传来要求课程的标准化与专业考试的呼声时,可别以为突然间来了阵"教育热",其目的毋宁说是想要限制这些位置的供应量,并由持有教育文凭者独占这些位置。就此种独占而言,"考试"在今天已成为一种普遍的手段——这也是它之所以持续推展的缘故。*[17]

---

* 康乐、简惠美译《支配社会学》,第 87 页。略有改动。

除了通过考试来控制和筛选准入人员外，享受最大好处的专业团体还会试图为自己赢得某些法律上的特权。他们会试图争取国家的支持，赢得执行本职工作的专有权利，惩罚侵犯其垄断权的人。这样，职业性的身份群体就能得到相当大的保护，免受市场公开竞争的危害。而不能在法律支持下实现社会关系的完全封闭的群体，通常无法建立垄断地位，也无法完全控制新成员的选拔和培养。

韦伯关于合法垄断的评述，是他唯一提到的国家在社会关系的封闭过程中，或者说在整个分层体系中起到的作用。不同阶级或身份群体之间的斗争，以及为实现社会关系的封闭而做出的集体努力，都是发生在公民社会领域的事件。社会各群体作为市场上的竞争者彼此对立，因其自身的财产、技能和属性或处于有利地位或处于不利地位。国家则是一个模糊的组织，几乎不介入这一情景。某种程度上，这是非常奇怪的，因为韦伯当然从未将国家视为社会"之上"的机构，一个在彼此交锋的势力间执行公正裁决的裁判。他本人认为，维护私有财产和市场关系的法律主要是为设法让这些法律得以颁布的人服务的。国家则凭借手中掌握的雷霆手段支持这些法律。但出于某种奇怪的原因，国家却并不符合被当成一种权力分配现象的条件。

这导致韦伯关于封闭社会关系的论述存在严重的缺陷。他声称，任何属性或特征都可以被各种群体当作排斥他人获得利益与机会的标准："最容易想到的就最容易被选用。"[18] 但很显然，事实并非如此。排他性标准**从来都不是**凭空捏造出来的。在所有已知的利用血统、种族、宗教、性别或类似特征来达到封闭目的的案例中，被排斥的群体已经在某个时候被国家定义为劣等群体了。以最常见的情况为例，种族和族裔的封闭通常是在殖民征服或人口被迫迁徙之后发生的，在民族国家的疆界内形成了某种类似于二等公民的子类别。被针对性地排斥的群体——黑人、天主教徒、犹太人等少数群体——其政治和社会权利通常都已然被法律和秩序的力量蓄意剥夺了。这些群体之所以成为排斥的目标，恰恰是因为他们的反抗能力遭到了国家权力的打击。如果这个问题仅仅取决于某个群体"想到"了某种方便的属性，理论上北爱尔兰的天主教徒本应可以禁止新教徒获得工作和住处，但事实与此相反；美国深南地区的黑人本应可以把白皮肤作为排外标准；女性本应可以不让男性获得一些生活机会和机遇；等等。可事实上，这些都不可能实现，因为国家并不愿意按照这样的思路去封闭社会关系。

由于忽视了国家在内部事务中的作用，韦伯无法以融洽的逻辑来解释社会和身份分化如何具体化为结构性的不平等体系。决定阶级、身份群体和阶层的排序以及彼此间的奖励关系的原则，是由国家的最高权力机构来保证和执行的。国家赋予特权，国家也取消特权，这意味着国家有权改变或重塑阶层秩序。韦伯的论述几乎没怎么提醒我们，不同阶级或阶层之间的优势平衡可以在中央权力的坚决干预下发生重大改变。如果没有某种形式的国家权力，无论多么原始的分层体系都很难存在。

韦伯之所以不愿意将国家视为分配制度中的工具性机构，可能是因为他赞同马克思的观点，认为国家不是主动的，而是被动的。至少，马克思认为资产阶级国家是阶级斗争得到正式政治表达的一种舞台。公民社会中最强大的阶级自然会控制国家权力的杠杆，从而确保其支配地位。从这个角度看，国家机器就像一台机器，可以为任何社会和经济实力强大到足以指挥它的团体服务。国家加强了这种团体的权力并使之正当化，但并没有重新创造这种权力。鉴于这些相当有限的职能，将国家本身视为一个再分配机构的意义不大。

韦伯在部分程度上赞同这一论点。他当然接受这样一种观点，即国家是一种工具，有待任何能够掌握它的群体或阶级来使用。官僚国家机器

> 极容易变更效劳的对象，只要那个人能取得控制权。理性组织的官僚系统，即使是在被敌军占领的地区，仍持续运转，唯一要做的事只是更换其最高长官。*[19]

---

* 康乐、简惠美译《支配社会学》，第69页。

尽管韦伯认为国家是一个阶级或身份群体手中的有力工具，但他并不赞同马克思的观点，即国家是资产阶级的"委员会"。这有两个原因：

首先，他从德国的经验中敏锐地意识到，资本主义国家并不一定受资产阶级控制。在他看来，德国社会的结构性缺陷之一便在于，国家权力不是由资本主义企业家阶级垄断的，而是由容克贵族垄断的。一个经济上落后、政治上垂死的阶级占据了权力宝座，而资产阶级（也就是权力的合法继承者？）却袖手旁观，没有采取过任何夺取政权的行动。德国国家的问题在于，它是一个错误阶级的委员会。[20]

其次，韦伯有时认为，国家官僚机器与其说是供他人使用的工具，不如说是一个具有自身价值观、目标和宗旨的集体。官僚系统内部的特殊风气和团队精神、对保密性和专业技能的培养，使其本身成为一个强大的利益集团。它不是作为另一个阶级的委员会行事，而是作为一个有组织的身份集团为自己谋私利。虽然严格说来它本身并不是一个阶级，但它实际上可以与各种社会阶级的力量相抗衡。

因此，官僚系统实际上是所有身份群体中最有权力的。它虽既无财产权，亦无市场垄断权，却掌握着对人和资源的支配权。韦伯坚持认为，官僚可以在不依赖社会阶级权力的前提下产生权力，这进一步拉大了他自己的分层理论与马克思主义的分层理论之间的差异。马克思主义完全不同意社会中会出现任何与社会阶级产生的权力相并存和分离的权力。因此，官僚系统，尤其是国家官僚系统，对马克思主义理论来说一直是一个棘手的问题。随着社会主义社会的到来，这个问题变得更加令人担忧，因为在社会主义社会中，国家和政党官僚系统的专横强势是显而易见的。如果这些政治上的大佬应该占有而不只是掌控从工人那里榨取剩余产品的大型报刊，那么马克思主义理论的日子就好过多了。韦伯没能等到运用他的思想分析一个成熟的社会主义社会那一天。如果他等到了，他就会发现自己的观点得到了充分的证实：没有私有财产和市场，就没有活跃的各种阶级，而官僚系统却能强势崛起、所向披靡。

三

权力分配的第三个方面是政党。我们有理由认为，韦伯将政党与阶级和身份并列，意在将政党视为分配结构中的权力载体。原则上，政党可以被视为有权以各种方式改变机会结构的机构。随着执政党政治色彩的变化，阶级之间的蛋糕总是有可能重新分配。但这并不是韦伯的思路。他非但没有思考右翼政党和左翼政党对阶层秩序可能产生的不同影响，反而对任何政党是否有能力对现状造成严重影响深表怀疑。一旦社会发展到官僚制阶段，靠激进的社会工程是成不了什么事的。即使是革命性的政党，在掌权后也会很快被迫接受官僚生活死板顽固的事实。因此，韦伯以其一贯的风格否认布尔什维克夺取政权是什么政治上的大事。列宁和他的人想废除沙皇时代遗留下来的国家机器和社会秩序，但成效甚微。[21]韦伯对革命的判断完全符合他的素来倾向，即贬低观念或意识形态在政治行动中的作用，这有点不太符合那个经常被标榜为规范社会学大师的韦伯形象。

韦伯认为，政党并不能带来多少改变，似乎也不被认为它是政治观念和身份认同的重要来源。总之，关于一个社会阶层的政治观点和目标与其传统上支持的政党之间的关系，韦伯几乎没有任何论述。他无疑很清楚考茨基关于政党与阶级之间关系的著名论断。考茨基认为，无产阶级政党在很大程度上要对工人阶级意识的发展负责。无产阶级政党是向群众传播社会主义观念的载体，将群众的朦胧情感和直觉转化为一种具备观念条理性的世界观。正是这类政党真正实现了从"自在阶级"到"自觉阶级"的转变。政党在世界中的作用举足轻重。

韦伯没有直接评论过考茨基的论点。由于他不太看得上社会主义政党及其大多数领导人，也许他认为社会主义政党及其领导人无法给任何人带来启迪。[22]但无论如何，这并不是他对政党的一般性看法。政党非但绝不是阶级意识的先驱和载体，在某种程度上反而还受阶级意识的影响。他曾表达过这样的观点：如果社会被深刻的意识形态和阶级分化撕裂，那么政治氛围就会毒害政党，使其无法生存。

> 仅仅因为现代经济阶层分化为资产阶级和无产阶级，以及社会主义作为一种大众福音的意义，两党制在工业化国家也是不可能的。事实上，这造成了一种"宗派"屏障……*[23]

韦伯没有继续追问的是，这个"宗派屏障"是否可能是由政党自己设置的。也可以说，政党正是在意识形态浓厚的氛围中才得以繁荣壮大；将自己与对手之间的冲突描绘成正邪不两立的斗争，恰恰符合政党的既得利益。韦伯说，政党"生活在'权力'的房子里"。[24] 他们在意识形态这栋很大程度上是由他们自己建造的房子里似乎也过得相当惬意。

如果政党除了在社会边缘修修补补之外，几乎没有其他空间；如果它们不是社会各阶层在道德上的指导者与政治上的协调者，那么它们究竟是做什么的？更具体地说，它们到底做了什么，可以证明自己在权力的三大方面

---

* 阎克文译《经济与社会》，第 1937 页。

中的地位？简短的回答是：没做什么。就奖励结构和分配制度而言，韦伯之所以对政党感兴趣，主要是因为它们在自己的队伍中分配津贴和特权的方式。他指出了两种不同类型的政党——庇护型政党和原则型政党。庇护型政党指没有强烈道德立场和明确目标的政党。他们只是根据最有可能迎合选民一时兴起的想法来制定自己的政治纲领。一旦执政，他们便开始在自己及其主要支持者之间瓜分战利品。

而原则型政党则拥护坚定的理论，不以纯粹的机会主义方式行事。韦伯指出，这类政党有明显的官僚化倾向，米歇尔斯在其著名的《寡头政治的铁律》[25]一文中阐述了其中的原因。也就是说，它们无意于履行竞选承诺和实现其宣称的理想，而是热衷于让自己的官员和活动分子中饱私囊。即使是社会主义政党这个原则型政党的理想类型，最终也是为自己服务的。尽管社会主义政党喜欢唱高调、谈理想，但其追随者的根本动机"绝大部分都很庸俗"*[26]。这种政党的狂热分子嘴上叫嚷着正义、平等和人的尊严，真正追求的则是"冒险、胜利、战利品、权力和俸禄"†[27]。韦伯再一次表明，他认为，人的行动可以受到价值观和理想这类无形之物的激励，这种想法是不能当真的。

---

* 钱永祥等译《学术与政治》，第281页。
† 同前。

尽管政党存在着种种无法纠正的弊端和自我追求，但韦伯并不认为它们毫无价值。它们仍可承担一项有益的建设性任务，造福所有人：它们可以建立起选拔杰出领导人的政治机制。韦伯主要从能否培养胜任、负责的领导人的角度，比较分析了各种政党制度。负责任的领导人，指愿意将国家利益置于狭隘的阶级或部门利益之上的人。韦伯认为，政治行动有"两种准则，在根本上互异，同时有着不可调和的冲突"：一种基于"责任伦理"，另一种基于"心志伦理"*[28]。认同责任伦理的政治领导人愿意考虑"平常人身上的平常缺陷"†[29]。他们主张采用有一定成功可能性的办法解决问题。他们愿意做出某些妥协，退而求其次，以实现他们并不太高的目标。相比之下，基于"心志伦理"准则行动的人，对人的看法则是不切实际的英雄主义。他们宁可失败，也不愿接受妥协的耻辱。因为要求太高，所以他们反而一无所得。可以说，他们有点疯狂。以工团主义者为例：

> 对一位衷心接受心志伦理的工团主义分子，你可以提出一套十分服人的说法，指出他的行动在后果上将使得反动的可能大为增加、他的阶级会受到更强的

---

* 同前，第 272 页。本书作者采用的英文表述是格特与米尔斯的译法 ethic of ultimate ends，中文意思是"终极目标的伦理"。

† 同前，第 273 页。略有改动。

压迫、这个阶级的上升会遭到更多的阻碍，但这些对他不会有任何作用……以信念及心意为伦理原则的人，觉得他的责任，只在于确保纯洁的意念——例如向社会体制的不公所发出的抗议——之火焰常存不熄。他的行动本身，从其可能后果来说，是全然非理性的；但这种行动的目的，乃是去让火焰雄旺。这类行动的价值，只能在于并且也只应该在于一点：这个行动，乃是表现这种心志的一个楷模。*[30]

一想到韦伯斥责一位激进的工团主义者缺乏政治敏锐性的情景，就令人觉得很有意思。如果这位工团主义者听到了他的斥责，很可能会觉得这些话很耳熟。一个布尔乔亚说（哪怕是个一片好心的布尔乔亚），抗议社会不公不仅很可能毫无希望，而且可能适得其反，所以说到底是非理性的行为——这绝不是什么新鲜事。自古以来，这一直是保守派的标准论调。韦伯这么说，源于他经过一番思考后，对官僚制时代发生彻底变革的可能持悲观态度。他坚信，官僚系统一旦建立，就不可能瓦解，社会主义民主只是空想，因此他必然会认为，那些持相反观点的人，就像他谈到的这位工团主义者一样，缺乏理性，或者像罗莎·卢森堡一样，属于"动物园"里的标本。[31] 像她这样

---

* 同前，第273—274页。

的人，执着于"心志伦理"，只会带领工人阶级走向灾难，投身于根本不可能实现的政治任务。谨慎温和的工会领袖或者伯恩斯坦那群修正主义者比卢森堡更好，他们都是精通"责任"艺术的可敬之人。

韦伯不仅厌恶罗莎·卢森堡的政治论调，还讨厌她在政党组织问题上的看法。她极力主张大众参与政党事务。政党领导的职责是组织和引导大众的政治自发性；工人必须直接参与所有重要决策，以免领导层远离党员、自矜自负。韦伯的观点恰恰相反。他和列宁一样，认为政党的政策和决策机制应该掌握在精于政策与决策的精英手中。他写道："政治行动始终是决定于'少数原则'，这意味着决定于少数人构成的领导群体的高度政治灵活性。这种凯撒制要素在大规模国家都是根深蒂固的。"*[32] 既然政党政治是精英而非大众的事情，那么党员和支持者就应该甘于扮演被动、听话的角色。韦伯无暇理会想要通过让领导层对普通党员更加负责来鼓励党内民主的花哨建议。领导人的职责是制定政党的路线，其他人则必须服从。韦伯身上颇有典型日耳曼人的性格特质。

对韦伯来说，最重要的问题是："高度发达的大众民主中的政党，在任何情况下都会允许富有领导能力的人物掌握权力吗？"†[33] 他最担心的是，对"拉选票"的庸俗关

---

* 阎克文译《经济与社会》，第 1903 页。
† 同前，第 1954 页。

第四章　阶级、身份和政党　　　　　　　　　　　　　153

注和政党机器的可怕控制，会使具有独立判断力和罕见品质的人（或许，与他自己并非全然不同的人？）失去机会。他确实认为自己可以在战后的德国政坛发挥建设性作用。他积极加入了新成立的德国民主党，这是一个支持自由社会改革方案的中左翼组织。该党邀请候选人参加法兰克福选区的竞选，有人说服了韦伯参加这场竞选。他是名单上最令人印象深刻的候选人，所以他和其他许多人似乎都提前断定他会胜选。然而，党内高层的想法却不一样。他们一定担心，像韦伯这样桀骜不驯的人，胜选以后肯定很难控制。总之，他们暗中使了些手段，确保他败给了一个不如他的竞选者。据说，韦伯为自己的落选感到很难堪。他以前绘声绘色地描述过政治上的各种阴谋诡计，现在自己却落入了这些阴谋诡计的圈套，这真是再残酷不过的讽刺。可见，在高度抽象的层面上对权力进行理论化的能力，对于实际争取权力而言，似乎并没有什么用处。

延伸阅读

译者按：这份推荐书目中所有已有中文译本的著作，均根据其中译本的书名及著作者名直接译出，无中译本的则保留外文原名。

对于首次接触韦伯的读者来说，最好从《新教伦理与资本主义精神》开始阅读。这篇论文很好地体现了韦伯特有的学识、洞察力和模糊性。不过如果要认真了解韦伯的著作，就必须读《经济与社会》，但最好先通过其他作品探索一下韦伯的一些主要论题。这里推荐一本很值得读的介绍性书籍：莱因哈特·本迪克斯的《马克斯·韦伯思想肖像》。

此外还有一本很好的书：格特和米尔斯选编的《马克斯·韦伯社会学文集》。读过这些书之后，再研读韦伯的其他主要著作应该就不成问题了，其中最重要的有：《社会科学方法论文集》《印度的宗教：印度教与佛教》《中国的宗教：儒教与道教》《古犹太教》以及《经济通史》。

研究韦伯或者与韦伯有关的文献汗牛充栋。关于他的生平和职业，最接近第一手材料的作品是玛丽安妮·韦伯的《马克斯·韦伯传》。遗憾的是，这本书写得并不引人入胜，不值得推荐。书中夹杂着大段乏善可陈的家庭通信，读起来很累人。更好的选择是 Donald MacRae 的 *Weber* 或 Arthur Mitzman 的 *The Iron Cage*。Mitzman 的这本书是一部心理传记，就韦伯的理论与他的内心动荡之间的联系提出了诱人的观点，尽管有点牵强。

关于韦伯的政治思想，推荐读一读戴维·毕瑟姆的《马克斯·韦伯与现代政治理论》。这方面的好书还有 Ilse Dronberger 的 *The Political Thought of Max Weber*、W. J. Mommsen 的 *The Age of Bureaucracy*，及安东尼·吉登斯的 *Politics and Sociology in the Thought of Max Weber*。

至于宗教领域，有两本书值得特别关注：Bryan S. Turner 的 *Weber and Islam*、Gordon Marshall 的 *Presbyteries and Profits*。尤其是 Marshall 的这本书，可能是维护韦伯有关新教伦理的观点的最好作品。

关于韦伯的著作，存在大量一般性的评论和阐释性作品，其中有以下几本尤其值得一提：塔尔科特·帕森斯的《社会行动的结构》，这本经典著作将韦伯奉为规范社会学的重要典范；安东尼·吉登斯的《资本主义与现代社会理论》则采取了与帕森斯不同的研究路径，同样值得一读；还有 Reinhard Bendix 和 Guenther Roth 的 *Scholarship and Partisanship*、W. G. Runciman 的 *A Critique of Max*

Weber's Philosophy of Social Science，读来也很有助益；此外，Otto Stammer 编有 *Max Weber and Sociology Today*，是 1964 年为纪念韦伯诞辰一百周年而在海德堡举行的一场学术会议所产生的论文集。不过这个文集里的一些论文作者在政治上对韦伯颇多责备，可能当时这个会议在纽伦堡召开才更合适。

由于韦伯的魅力经久不衰，整个 1990 年代以及进入 21 世纪后，有关韦伯作品的书籍依然络绎不绝。在这些浩繁的卷帙中，我们可以选以下几本来读：

Martin Albrow, *Max Weber's Construction of Social Theory*

Bryan S. Turner, *Max Weber: From History to Modernity*

Peter Hamilton (Ed.) *Max Weber: Critical Assessments*

Wolfgang Schluchter, *Paradoxes of Modernity: Culture and Conduct in the Theory of Max Weber*（Neil Solomon 英译）

Fritz Ringer, *Max Weber's Methodology: The Unification of the Cultural and Social Sciences*

Asher Horowitz and Terry Maley (Eds.) *The Barbarism of Reason: Max Weber and the Twilight of Enlightenment*

Sam Whimster (Ed.) *Max Weber and the Culture of Anarchy*

Ralph Schroeder (Ed.) *Max Weber, Democracy and Modernization*

Stephen Turner (Ed.) *The Cambridge Companion to Weber*

注释

第一章　方法与程序

[1] Max Weber, *Economy and Society* (Eds. Guenther Roth and Claus Wittich) Bedminster Press, New York (1968), p. 13.

[2] 同上，p. 13。

[3] 同上，p. 14。

[4] 可参见：Alfred Schutz (Collected Papers I). *The Problem of Social Reality*, Martinus Nijhoff, The Hague, (1967), pp.62-63.

[5] Weber, *Economy and Society*, p. 5.

[6] 同上，p. 9。

[7] 同上，p. 8。

[8] 同上，p. 9。

[9] 同上，pp. 10-11。

[10] 同上，p. 12。

[11] 实证主义者可能会合理地回答说，他们不需要这方面的指导，因为他们通常不会试图在比如说出生率的提高与鹳鸟数量的增加这样的事情之间建立联系。

[12] Weber, *Economy and Society*, p. 8.

[13] 同上，pp. 5-6。韦伯接着暗示说，我们也许能够"在理智上"掌握我们无法"在情感上"理解的东西。这一说法令人费解，但韦伯并没有继续深入下去，或许这样也好。

[14] 同上，p.6。

[15] Peter Winch, *The Idea of a Social Science*, Routledge, London, 1958, p. 88. 涂尔干将这种论点斥之为"神秘学说"，只能满足那些"喜欢用感觉和情感而不是用理解力思考的人"。Emile Durkheim, *The Rules of Sociological Method*, Free Press, Glencoe, (1938), pp. 33-34.

[16] Max Weber, *The Protestant Ethic and the Spirit of Capitalism*, Allen and Unwin, London, (1930), p. 233.

[17] Weber, *Economy and Society*, p. 16.

[18] 同上，p.6。

[19] 虽然宗教和政治狂热被认为是观察者非移情则不能理解的，但一般的情感强度似乎并非如此。"我们自己越涉入以下这些的情感性反应，如焦虑、愤怒、野心、羡慕、嫉妒……和各种不同欲望以及所衍生的非理性行为时，我们越能够同情地去理解。即使当感情强烈的程度完全无法移情式理解，并且无法理性地计算情感对行动方向和手段的影响时，亦是如此。"（顾忠华、康乐、简惠美译《社会学的基本概念》，第24页——译注）同上，p.6。

[20] 同上，pp. 21-22。

[21] Karl Marx, *Capital* Vol. III, Foreign Languages Publishing Moscow, (1959), P. 797.

[22] Emile Durkheim, *Suicide*, Routledge, London, (1952), p. 170.

[23] Max Weber, *The Methodology of the Social Sciences*, Free Press, New York, (1949), p. 43.

[24] 同上，p.90。

[25] 同上，p.81。

[26] 同上，p.72。

[27] Emile Durkheim, *The Rules of Sociological Method*, p. 31. 涂尔干自然从未遵从过这个糟糕的建议。很难想象有哪位社会学家的作品比他的作品更明确彻底地带着先入成见。
[28] 韦伯始终无法在这一关键问题上拿定主意。一般来说，他似乎愿意接受这样的观点：对于任何特定现象，都有可能建构不止一种理想类型。不过，他偶尔也会提出，理想类型的解释价值取决于它是否是一种"正确"表述。可参见 *The Methodology of the Social Sciences*, p. 102。
[29] 同上，p. 97。
[30] 同上，p. 57。
[31] 同上，p. 11。
[32] 同上，p. 58。
[33] 在新闻时事这一类研究中，有一个很好的例子是格拉斯哥大学媒体小组的成果：*Bad News and More Bad News*, Routledge, London, (1976 and 1980).
[34] Weber, *Economy and Society*, p. 973.
[35] 同上，p. 975。
[36] 其中较为经典的研究包括：Robert K. Merton, "Bureaucratic Structure and Personality", in his *Social Theory and Social Structure*, Free Press, Glencoe, (1957); Philip Selznick, *TVA and the Grass Roots*, University of California Press, Berkeley, (1953); Peter M. Blau, *Bureaucracy in Modern Society*, Random House, New York, (1956); Alvin W. Gouldner, *Pattems of Industrial Bureaucracy*, Free Press, Glencoe, (1954).
[37] Weber, *Economy and Society*, p. 6.
[38] Weber, *The Methodology of the Social Sciences*, pp. 184-5. 这些术语起源于德国历史学家之间一场理应被遗忘的深奥争论。

[39] Leon Trotsky, *Diary in Exile*, Harvard University Press, (1976), p. 46.

第二章 宗教信仰与社会行动

[1] Max Weber, *The Protestant Ethic and the Spirit of Capitalism*, Allen and Unwin, London, (1930), pp. 17-22.

[2] 同上，p. 40。

[3] 同上，p. 180。

[4] 同上，p. 91。

[5] 同上，p. 91。

[6] 同上，p. 114。

[7] 同上，p. 115。

[8] Max Weber, *General Economic History*, Collier Books New York, (1961), p. 267.

[9] *The Protestant Ethic*, p. 192. 他在别处写道："宗教行为的外在表现是如此的分歧多端，为了能够了解此种行为，也只有透过主观的经验、理念与个体所关注的目的的视角才有办法达到——换言之，从宗教行动本身的'意义'这个视角来了解。"（康乐、简惠美译《宗教社会学 宗教与世界》，第3页；略有改动——译注）*Economy and Society*. p. 399。

[10] 同上，p. 259。

[11] 同上，pp. 109-110。

[12] 同上，p. 110。

[13] 同上，p. 111。

[14] 同上，p. 116。

[15] 同上，pp. 116-117。

[16] 同上，p. 85。

[17] 同上，p. 82。

[18] „Antikritisches Schlusswort zum ‚Geist des Kapitalismus'" *Archiv für Sozialwissenschaft und Sozialpolitik*, 31, No. 2, (1910), p. 593.

[19] *The Protestant Ethic*, p. 162.

[20] 同上，p. 162。

[21] 同上，p. 60。

[22] 同上，p. 62。

[23] 同上，p. 62。

[24] 同上，p. 177。

[25] 在《关于"资本主义精神"的反批评结束语》一文中，韦伯说加尔文宗的手工匠人和工人"在神意规定的'天职'中勤勉劳动，由此而意识到自身的宗教恩宠状态"。（阎克文译《关于"资本主义精神"的反批评结束语》——译注）同上，p. 593。

[26] *Economy and Society*, p. 468 and p. 470.

[27] 同上，p. 472。

[28] 同上，p. 479。

[29] 同上，p. 483。

[30] 同上，p. 476。

[31] 同上，pp. 483-484。

[32] *The Protestant Ethic*, p. 281.

[33] *Economy and Society*, p. 1010.

[34] John Kenneth Galbraith, *The Nature of Mass Poverty*, Harvard University Press, (1979).

[35] *The Protestant Ethic*, p. 131.

[36] 同上，pp. 156-157。

[37] 同上，p. 157。

[38] 同上，p. 172。

[39] 同上，p. 183。

[40] *From Max Weber* (eds. H. H. Gerth and C. Wright Mills) Routledge, London, (1948), pp. 308-309.

[41] *Economy and Society*, p. 491.

[42] 同上，p. 477。

[43] *From Max Weber*, pp. 304-305.

[44] 同上，p. 305。

[45] 同上，p. 319。

[46] 韦伯在回应他的批评者时，再次提到了这位受洗银行家的故事，提出这方面的教派行为是从更早、更普遍的做法中延续下来的。*The Protestant Ethic*, pp. 585-586.

[47] *From Max Weber*, p. 321.

[48] *The Religion of India*, Free Press, New York, (1958), p. 112.

[49] Milton Singer, *When a Great Tradition Modernizes*, Pall Mall Press, London (1972).

[50] Maxime Rodinson, *Islam and Capitalism*, Allen Lane, London, 1974; Bryan S. Turner, *Weber and Islam*, Routledge, London, (1974).

[51] Werner Sombart, *The Quintessence of Capitalism*, New York, (1967); *The Jews and Modern Capitalism*, Free Press, Glencoe, (1951).

[52] *The Religion of India*, pp. 3-4.

[53] *The Religion of China*, Free Press, New York, (1951), p. 248.

[54] 同上，p. 249。

[55] Talcott Parsons, "Introduction" to Max Weber, *The Sociology of Religion*, Methuen, London, (1965), pp. xxi-xxii.

[56] *Economy and Society*, pp. 1212-1262.

[57] 同上，p. 1237。
[58] 同上，p. 847。
[59] *The Protestant Ethic*, pp. 14-16.
[60] Gordon Marshall, *Presbyteries and Profits: Calvinism and the Development of Capitalism in Scotland*, 1560-1707, Clarendon Press, Oxford, (1980).
[61] 同上，pp. 273-275。
[62] 同上，p. 276。

第三章　支配与正当性

[1] Max Weber, *Economy and Society*, p. 941.
[2] 同上，p. 904。
[3] 同上，p. 911。
[4] Max Weber, "Politics as a Vocation", in H. H. Gerth and C. Wright Mills, *From Max Weber*, Routledge, London, (1948), pp. 77-78.
[5] *Economy and Society*, pp. 943-6.
[6] 同上，p. 946。
[7] 同上，p. 946。
[8] 同上，p. 946。
[9] 同上，p. 954。
[10] 同上，p. 214。
[11] 同上，p. 214。
[12] "Politics as a Vocation", p.78.
[13] *Economy and Society*, p. 953.
[14] "Politics as a Vocation", p. 78.
[15] *Economy and Society*, p.946.
[16] 埃齐奥尼的"命令与服从"类型学是这一领域的杰出著作。A.

Etzioni, *A Comparative Analysis of Complex Organizations*, Free Press, New York, (1961).

[17] *Economy and Society*, pp. 946-7.

[18] 同上，p. 1012。

[19] 同上，p. 1028。

[20] 同上，p. 1041。

[21] 同上，p. 1072。

[22] 同上，p. 1082。

[23] 同上，pp. 1407-1408（强调为作者所加）。

[24] 同上，p. 1111。

[25] 同上，p. 1133。

[26] 同上，p. 1117。

[27] 同上，p. 1116。

[28] 同上，p. 1132。

[29] 同上，p. 1132。

[30] Peter M. Blau, "Critical Remarks on Weber's Theory of Authority", in Dennis H. Wrong, (Ed.) *Max Weber*, Prentice Hall, Englewood Cliffs, New Jersey, (1970), p. 153.

[31] *Economy and Society*, p. 1133.

[32] 同上，p. 1393。

[33] 同上，p. 1417。

[34] 同上，p. 1418。

第四章　阶级、身份和政党

[1] *Economy and Society*, p. 927.

[2] 同上，p. 928。

[3] 同上，pp. 729-30。

[4] 同上，p. 928。

[5] 韦伯认为，与私人资本主义相比，在社会所有制下工人会更没有自由，"因为与一个国家官僚系统的任何权力斗争都是没有希望的，还因为没有向一个原则上可以限制雇主权力的机关申诉的希望，而这在私人经营中却是可能的。这大概就是全部的差别了。如果私人资本主义被消灭，进行统治的就只有国家官僚系统了。那时，私人和公共官僚系统就会融合为一个单一的等级体系，而不会像现在这样并驾齐驱并有潜在的彼此对立，从而在一定程度上相互牵制——这类似于古代埃及的情况，但形式上表现得更为理性，因而更加无可逃避。"（阎克文译《经济与社会》，第1887页）同上，p. 1402。

[6] Karl Marx, *The Poverty of Philosophy*, Martin Lawrence, London, (1936), P. 92.

[7] *Economy and Society*, p. 1091.

[8] 赫里伯特·亚当指出，南非的资本主义生产方式非但没有瓦解种族隔离制度，反而适应了这种制度。根据马克思主义的分析，"在种族法这一过时的制度框架内，被人为锁住的生产力量无法得到充分发展，因此，必然会使这些生产方式破裂。" *Modernizing Racial Domination*, University of California Press, Berkeley (1971), p. 146. 赫伯特·布卢默也认为，工业资本主义更有可能适应而非重构种族分层制度。Herbert Blumer, "Indus-trialization and Race Relations", in Guy Hunter (Ed.) *Industrialization and Race Relations*, Oxford University Press, London, (1965).

[9] *Economy and Society*, p. 936.

[10] 可参见 Kenneth Prandy, *Professional Employees*, Faber, London, (1965).

[11] *Economy and Society*, p. 935.
[12] 最近有人重申了这一立场，见 Daniel Bell, "Ethnicity and Social Change", in Nathan Glazer and Daniel P. Moynihan (Eds.) *Ethnicity*, Harvard University Press, (1975).
[13] *Economy and Society*, p. 391.
[14] 同上，p. 938。
[15] 关于韦伯的封闭社会关系概念，有更为完整的讨论，见我的 *Marxism and Class Theory: A Bourgeois Critique*, Tavistock, London, (1979)。
[16] *Economy and Society*, p. 342.
[17] 同上，p. 1000。
[18] 同上，p. 342。
[19] 同上，pp. 988-89。
[20] 关于韦伯在这方面以及其他很多方面的观点，有一份出色的论述，见 David Beetham, *Max Weber and the Theory of Modern Politics*, Allen and Unwin, London, (1974), Chapter 6。
[21] 韦伯认为，新出现的苏维埃国家的寿命"应以月计算"，而不是以年计算。这部分与布尔什维克政权是"下士而非将军的军事独裁."这一事实有关。韦伯显然不相信一个由下级控制的社会能够生存下去。激发革命的不是正义和自由的理念，而是对战利品的欲望。Max Weber, *Gesammelte Politische Schriften*, (Ed. Johannes Winckelmann) J. C. B. Mohr, Tübingen, (1971), pp. 292-3.
[22] 韦伯确实在一条简短的注释中指出，如果"迅速引导他们（指工人）理解目标，而强加给他们目标并进行解释的则是他们阶级外部的人（知识分子）"（阎克文译《经济与社会》，第518页——译注），那么工人就更有可能获得阶级意识。不过，

韦伯并未具体提及政党的作用。*Economy and Society*, p. 305.

[23] 同上，p. 1443。

[24] 罗思和威蒂克将韦伯的这一表述译为"sphere" of power（*Economy and Society*, p. 938），格特和米尔斯则译为"house"of power（*From Max Weber*, p. 194）。韦伯的原文为："Während die 'Klassen' in der 'Wirtschaftsordnung', die 'Stände' in der sozialen Ordnung ... ihre eigentliche Heimat haben ... sind 'Parteien' in der Sphäre der 'Macht' zu Hause." Max Weber *Wirtschaft und Gesellschaft* (Ed. Johannes Winckel-mann) J. C. B. Mohr, Tübingen, (1976), p. 539.

（作者在这里引述的韦伯表述，见于罗思和威蒂克的《经济与社会》英译本第二部分第九章。该英译本这部分的译文是以更早的格特和米尔斯编译的《马克斯·韦伯社会学文集》的相应译文为基础，并做了修订。在修订过程中，"hause"被改成了"sphere"。这两本书都有中译，且皆为阎克文所译；然而阎在两个译本中未对这个表述差异做出区别，都译作"权力的领域"。鉴于本书作者特意参考韦伯的原文采用了格特与米尔斯"hause"的译法，故前面正文中照此译作"权力的房子"。——译注）

[25] Robert Michels, *Political Parties*, Free Press, Glencoe, (1958).

[26] "Politics as a Vocation" in *From Max Weber*, p. 125.

[27] 同上，p. 125。

[28] 同上，p. 120。

[29] 同上，p. 121。

[30] 同上，pp. 120-21。

[31] 见于韦伯1919年1月在Karsiruhe做的一场演讲，此时罗莎·卢森堡刚刚被政府处决。引自Wolfgang J. Mommsen,

Max Weber und die deutsche Politik, 1890-1920, J. C. B. Mohr, Tübingen, (1959), p. 300。

[32] *Economy and Society*, p. 1414.

[33] 同上,p. 1458。

索引

A

Adam, H. 赫里伯特·亚当 117

'adequate' causation "适当"因果关系 37-8

apartheid 种族隔离（南非）117

Asiatic despotism 亚洲专制主义 68

authority 权威：卡理斯玛型 77, 84-7；法理型 77, 87-89；传统型 77, 80-3

B

Baxter, R. 理查德·巴克斯特 43, 46, 48, 53, 55, 61, 62

beliefs, and social action 信仰，和社会行动 40-70

Beetham, D. 戴维·毕瑟姆 118

Bell, D. 丹尼尔·贝尔 117

Bernstein, E. 爱德华·伯恩斯坦 107

Blau, P. 彼得·布劳 113, 116

Blumer, H. 赫伯特·布卢默 117

Bolshevik Revolution 布尔什维克革命 38, 105

bourgeoisie 资产阶级：定义 94；内部分化 98-9；和国家权力 103

bureaucracy 官僚制/官僚系统：和阶级 92-3；功能失调 35-6；理想类型 34-6；和马克思主义理论 104；和议会 88-9；和家产制支配 82；和权力 104；和宗教 53-4, 60；和社会主义 93；和身份群体 103-4

bureaucratic domination 官僚制支配 87-9

C

'calling', Calvinist doctrine of "天职"，加尔文宗教义 49-51

Calvinism 加尔文宗 43-70："天职"的教义 49-51；预定论的教义 44-5；和资本主义精神的"选择性亲和力"43, 63-6；和"救赎的不安"45-50；在苏格兰 69-70；关于财富 55-7；和工人 50-4

Capitalism 资本主义：战利品资本主义 41；和东方社会 65-8；贱民资本主义 41；理性资本主义 41, 散见各处；精神 42, 43-65；实质 42, 65-70；和社会阶级 91-4；传统资本主义 41

capitalist mode of production 资本主义生产方式 94-6

Catholic 天主教：传统主义 48-9；排斥性 102

causation, types of 因果关系，诸类型 37-8

charisma 卡理斯玛 86-7

charismatic domination 卡理斯玛型支配 77, 84-7

China, religion of 中国，宗教 65, 散见各处

class 阶级：意识 105-6；定义 91-4；内部分化 98；和政党 104-6；极化 98；和身份 97-100

coercion 强制 71, 散见各处

communal divisions 共同体分化 95-7

compliance, theory of 顺从，理论 76-80

customary wage 不变的薪水 50-1, 54

D

democracy, ideal type of 民主制，理想类型 31-2

domination 支配：卡理斯玛型 77, 84-7；法理型 77, 87-9；传统型 77, 80-3

Durkheim 涂尔干：关于宗教 24, 29；关于科学方法 31；关于社会集体 19

E

education, as instrument of social closure 教育，作为封闭社会关系的手段 100-1

'elective affinity' "选择性亲和力" 43, 63-6, 83

empathetic understanding, 移情式理解，见"理解"

Engels, F. 恩格斯 52

'essence' of reality 现实的"本质" 28-9

ethic of responsibility 责任伦理 106-8

ethic of ultimate ends 心志伦理、终极目标伦理 106-8

ethnic groups 种族群体 97-102

ethnic honour 种族荣誉 99

Etzioni, A. 阿米塔伊·埃齐奥尼 116

exclusion 排斥性、排他性，见"封闭的社会关系"

F

false consciousness 虚假意识 26-7

Ferdinand, Archduke 斐迪南大公 38

feudalism 封建主义 82-3

Franklin, B. 本杰明·富兰克林 42, 43, 57

G

Galbraith, J. K. 加尔布雷思 54

Glasgow University Media Group 格拉斯哥大学媒体小组 113

Gouldner, A. W. 阿尔文·古尔德纳 113

H

hegemony 霸权 76

historical materialism 历史唯物主义 94-6

historical method 研究历史的方法 37-9

I

ideal-type 理想类型：官僚制 34-6；建构 28-30；民主制 31-2；用于解释性目的 30-2；和理解 35-6；和世界宗教 63-5

ideology 意识形态 105-6；也请见"正当化"

India, religion of 印度，宗教 65，散见各处

individual, as unit of social enquiry 个体、个人，作为社会研究的单位 17-9

J

Junker aristocracy 容克贵族 103

K

Kadi-justice 卡迪司法 67

Kautsky, K. 卡尔·考茨基 105

legal monopolies 合法垄断 101

legal-rational domination 法理型支配 77, 87-9

legitimacy 正当性 74-89

legitimation 正当化：卡理斯玛型 77, 84-7；和支配 74-89；法理型 77, 87-9；和宗教 59-61；传统型 77, 80-3

L

Lenin, V. I. 列宁 38, 72, 105, 108

Lévy-Bruhl, L. 列维 - 布留尔 24

Luther, M. 马丁·路德 49

索引

Luxemburg, R. 罗莎·卢森堡 107, 108

M

MacRae, D. G. 唐纳德·麦克雷 109

market 市场：和阶级 92-3；和身份 97-8

Marshall, G. 戈登·马歇尔 69

Marx, K. 马克思：阶级概念 91, 93-4；关于虚假意识 26, 27；关于工场制度 54；关于生产方式 95；关于极化的论点 98；关于国家权力 72, 103

Marxism 马克思主义：和官僚理论 104；关于生产体系 94-5

media theorists 媒体理论家 33

Merton, R. K. 罗伯特·默顿 113

Michels, R., 罗伯特·米歇尔斯 106

Mommsen, W. J., 沃尔夫冈·莫姆森 119

N

nation 民族 72-3

nobility, religion of 权贵，宗教 52

Northern Ireland 北爱尔兰 102

O

Occident, contrasted with Orient 西方，与东方的对比 67-8

Orient 东方：与西方的对比 67-8；资本主义的制度准备 65-6

P

Parsons, T. 塔尔科特·帕森斯 66

party 政党：和阶级 105-6；类型 106

patriarchalism 家长制 80-1

patrimonialism 家产制 81-2

peasantry 农民：和宗教 52；和家产制权威 83

power 权力 74, 散见各处

Prandy, K. 肯尼迪·普兰迪 117

predestination, Calvinist doctrine of 预定论，加尔文宗教义 44-5

pre-logical mentality 前逻辑思维 24

proletariat, definition of 无产阶级，定义 94：内部分化 98-9

property 财产 91-3

Protestant ethic 新教伦理 43-65

Puritan divines 清教天意，见理查德·巴克斯特

Puritanism 清教，见加尔文宗

R

racial exclusion 种族排斥 102

rational action 理性行动 36-7

Reformation 宗教改革 58

religion 宗教：和排斥性封闭 102；和正当化 60-1；唯物主义的宗教概念 58, 60；和社会分层 51-3

revolution 革命：布尔什维克 38, 105；和卡理斯玛 86；理论 87

Rodinson, M. 马克西姆·罗丹松 64

S

salvation anxiety 救赎的不安 45-50

Schutz, A. 阿尔弗雷德·许茨 111

Scotland, capitalism in 苏格兰，该地的资本主义 69-70

Selznick, P. 菲利普·塞尔兹尼克 113

separation of powers 三权分立 82

Singer, M. 米尔顿·辛格 64

slavery 奴隶制 92

Smith, A. 亚当·斯密 91

socialism and bureaucracy 社会主义和官僚制 93, 117

socialist 社会主义：民主制 107；生产方式 95

social stratification 社会分层：和政党 104-8；和财产关系 91-3；和宗教信仰 51-3；和身份群体 96-104；和国家 101-3

Sombart, W. 维尔纳·松巴特 64

spirit 精神：资本主义 42, 43-65；劳工 51, 54

state 国家：诸概念 71-3；是"委员会" 103-4；和社会分层 101-3；社会主义 93

status groups 身份群体 96-104

syndicalism 工团主义 107

T

traditional 传统（型）：支配 77, 80-3；工人 50-1, 54

transition from Puritanism to Calvin-ism 从清教向加尔文宗的转变 57-61

Trotsky, L. 托洛斯基 38, 93

Turner, B. 布赖恩·特纳 64

V

value-free social theory 价值中立的社会理论 32-4

vassalage 附庸 82

Verstehen 理解 19-27：和理想类型 35-6；和宗教信仰 47

violence, state monopoly of 暴力，国家垄断 72-3

W

wealth, Calvinist teaching on 财富，加尔文宗的相关教义 55-7

Winch, P. 彼得·温奇 23

workers and Calvinism 工人和加尔文宗 50-4

图书在版编目（ＣＩＰ）数据

马克斯·韦伯导论 /（英）弗兰克·帕金著 ; 文朗译. -- 上海 : 上海文艺出版社, 2024. -- ISBN 978-7-5321-9083-6

Ⅰ. C91

中国国家版本馆CIP数据核字第2024K5N721号

Max Weber 2nd edition by Frank Parkin

Copyright © 1982, 2002 by Frank Parkin

Authorized translation from English language edition published by Routledge, part of Taylor & Francis Group LLC; All Rights Reserved.

本书原版由Taylor & Francis出版集团旗下Routledge出版公司出版，并经其授权翻译出版。版权所有，侵权必究。

Copies of this book sold without a Taylor & Francis sticker on the cover are unauthorized and illegal.

本书贴有Taylor & Francis公司防伪标签，无标签者不得销售。

著作权合同登记图字：09-2023-0643号

发 行 人：毕　胜
策划编辑：肖海鸥
责任编辑：肖海鸥　魏钊凌
装帧设计：左　旋
内文制作：常　亭

书　　名：马克斯·韦伯导论
作　　者：[英] 弗兰克·帕金
译　　者：文　朗
出　　版：上海世纪出版集团　上海文艺出版社
地　　址：上海市闵行区号景路159弄A座2楼 201101
发　　行：上海文艺出版社发行中心
　　　　　上海市闵行区号景路159弄A座2楼206室 201101 www.ewen.co
印　　刷：苏州市越洋印刷有限公司
开　　本：1092×850　1/32
印　　张：6
插　　页：2
字　　数：115,000
印　　次：2024年9月第1版 2024年9月第1次印刷
ＩＳＢＮ：978-7-5321-9083-6/C.105
定　　价：52.00元
告 读 者：如发现本书有质量问题请与印刷厂质量科联系　T:0512-68180628